数字化时代的房地产经纪理论与实务

贝壳认证考试部　贝壳研究院　组织编写

U0368919

中国建筑工业出版社

图书在版编目（CIP）数据

数字化时代的房地产经纪理论与实务 / 贝壳认证考试部，贝壳研究院组织编写 . —北京：中国建筑工业出版社，2021.12

贝壳找房博学培训教材

ISBN 978-7-112-27003-3

Ⅰ.①数…　Ⅱ.①贝…②贝…　Ⅲ.①房地产业—经纪人—职业培训—教材　Ⅳ.① F293.355

中国版本图书馆 CIP 数据核字（2021）第 270019 号

本书为贝壳找房博学培训教材。本书系统地介绍了房地产及房地产经纪相关的专业知识，并聚焦存量房经纪服务及新房经纪服务的实操要点。全书共分为 9 章，主要内容包括：房地产概述、房地产经纪概述、房地产经纪机构和人员、房地产经纪行业、房地产市场与金融、存量房买卖、新房买卖、房地产交易服务、房地产经纪基础法规。

本书可作为房地产经纪从业人员提升专业理论并加强实务操作的培训教材，也可供房地产行业其他从业人员、高校及研究机构相关专业研究及管理人员参考，同时还可作为购房客户的参考读物。

责任编辑：张　晶　牟琳琳

责任校对：王雪竹

贝壳找房博学培训教材

数字化时代的房地产经纪理论与实务

贝壳认证考试部　贝壳研究院　组织编写

*

中国建筑工业出版社出版、发行（北京海淀三里河路 9 号）

各地新华书店、建筑书店经销

北京雅盈中佳图文设计公司制版

天津安泰印刷有限公司印刷

*

开本：787 毫米 ×1092 毫米　1/16　印张：$12\frac{1}{2}$　字数：228 千字

2022 年 2 月第一版　2022 年 2 月第一次印刷

定价：**38.00** 元

ISBN 978-7-112-27003-3

（38728）

前　言

当前乃至今后 10 年，中国房地产业将会完成增量市场向存量市场的过渡，存量房将取代新房，占据交易市场主导地位。市场经济发达国家的经验证明了这点。美国、英国、澳大利亚的房地产市场就是存量房占主导的市场，这三个国家存量房成交量均是新房成交量的 3 倍以上。

我国存量房市场崛起的根本原因：一是存量房规模足够大。中国自 20 世纪 80 年代中后期开始商品房开发，1998 年之后商品房市场高速增长至今，目前中国城镇商品房存量已超过 3 亿套。二是城市家庭房屋自有率高。2020 年中国城镇户籍家庭的住房自有率超过 70%，如此之高的住房自有率是存量房市场崛起的支撑条件。三是中国将进入人口流动和住房需求转换的浪潮，同时绝大多数城市户籍制度改革加速上述两个进程。

人们对房地产经纪的需求衍生于住房交易，特别是存量房交易。纵观美国、英国、日本和澳大利亚房地产经纪行业的发展历史，可以发现，存量房市场崛起是推动房地产经纪行业发展壮大的内在驱动力。据学者测算，中国房地产经纪行业的营业收入超过 2000 亿元。

博学考试俗称"经纪人高考"，是北京链家于 2011 年 11 月创设的。博学考试每年举办两次，已持续举办 11 年。截至 2021 年 7 月底，共计有 160 万人次参考。博学考试，本质是以考促学，目的是提升从业人员的专业能力，促进从业人员的职业化，优化从业人员的供给结构。

本书在梳理和总结博学考试知识体系的基础上，全面系统介绍房地产和房地产经纪基础知识、房地产经纪行业、机构和人员、房地产市场与金融、存量房和新房买卖、房地产经纪基础法规。本书还以北京市为例，介绍购房资质审核、住房商业贷款、住房公积金贷款、不动产交易税费和不动产权属登记等内容。

本书由贝壳认证考试部的张勇、贝壳研究院的许小乐担任主编，贝壳认证考试部的马亚男、贝壳研究院的粟样丹、刘畅、罗忆宁担任副主编，共同完成全书的编写及校审工作。此外，还有大量贝壳博学专家为本书提供了重要素材。

我们期望通过本书，让从业的房地产经纪人或者即将从业的大学生，深刻理解房地产经纪这个职业、房地产经纪这个行业，帮助他们掌握做好房地产经纪所必需的专业知识。

我们期望通过本书，让整个社会和广大居民真正认知房地产经纪行业。高品质和专业化的房地产经纪行业，是广大居民美好居住不可或缺的重要组成部分。

目 录

第一章
房地产概述

　　房地产经纪是为人们进行房地产交易提供专业服务的，经纪人应是房地产经纪服务的专家。为做好经纪服务，房地产经纪人应对交易客体——房地产了解和熟知。为此，本章主要介绍房地产的概念、特性、种类、面积、价格等内容。

第一节　房地产的概念和特性

一、房地产的含义及说明

（一）房地产的含义

房地产，简单说就是房屋和土地，或者房产和地产。严格来说，房地产是指土地以及建筑物和其他相关定着物，是实物、权益和区位的结合体。

土地是人类生产、生活所必需的资源。我国实行土地用途管制制度，将土地用途分为农用地、建设用地和未利用地进行管理。

建筑物一般包括房屋建筑物和构筑物。房地产经纪服务中涉及的建筑物主要是房屋。构筑物是指人们一般不直接在里面进行生产和生活活动的建筑物，如烟囱、水塔、水井、道路、桥梁、隧道、水坝等。

其他相关定着物是指附着或结合在土地或建筑物上不可分离的部分，主要包括房屋内安装的门锁、厨房水槽、卫生间洁具、壁灯、窗帘，镶嵌在墙里的柜子，建筑在地上的围墙，水池，院子内搭建的亭子，种植的树木，埋在地下的管线和设施等。

为避免在房地产买卖中对买卖标的物范围产生误解或纠纷甚至欺诈，买卖标的物范围若不包括房地产的组成部分或其他相关定着物，应予以书面列举说明；未列举说明的，一般应理解为在买卖标的范围内；反之，买卖标的物的范围若包括房地产之外的财产，如房屋内家具、家电、台灯、墙上挂的书画、院内摆放的奇石、雕塑等，也应予以列举说明；未列举说明的，一般应理解为不在买卖标的范围内。

（二）房地产实物、权益和区位的含义

房地产实物，是指房地产中看得见、摸得着的部分，例如，建筑面积、使用面积、建筑外观、建筑结构、建筑设备、装饰装修、户型、房屋年龄等。

房地产权益，是指房地产中无形、不可触摸的部分，是依附在房地产实物上的权利义务。一宗房地产的权益通常包括四个方面：①拥有的房地产权利，包括房屋所有权、土地使用权、收益权、处分权。②房地产权利受到限制的情况，如设立租赁权、设立抵押权、设立居住权、被人民法院查封等。承租人承租他人房屋享有租赁权，在他人房屋上设定抵押享有抵押权，房屋所有人设定居住权使他人对住房及其附属设施享有占有、使用的权利。③依附在房地产上的额外利益或好处。如住宅上带有上学指标、可落户口，房顶或外墙面可租售给广告公司做广告。④依附在房地产上的债权债务，

如房屋存在预交的水费、电费、物业费、燃气费等。

房地产区位，是指一宗房地产与其他房地产在空间方位和距离上的关系，包括位置、交通、周边环境和景观、外部配套设施等。衡量房地产区位的好坏，最常见的指标是该房地产与地标性场所（市中心、火车站、购物中心、重点学校、知名医院、公园）的距离。

距离可以分为空间直线距离、交通路线距离和交通时间距离。空间直线距离是指两地之间的直线长度。交通路线距离是指连接两地之间的道路长度。交通时间距离是指两地之间利用适当交通工具去或来所需的时间。交通时间距离一般来说是比较科学，但在实际中有可能被误用而产生误导。例如，"交通方便，20 分钟车程可达市中心"，可能是在交通流量很小的夜间、用速度很快的小汽车测量的，而对依靠公共汽车上下班的购房者来说，在上下班时段可能要花 1 个小时。因此，《房地产广告发布规定》（国家工商行政管理总局令第 80 号）规定，房地产广告不得含有"以项目到达某一具体参照物的所需时间表示项目位置"等相关内容。

二、房地产的主要特性

房地产与其他商品相比，有许多不同之处。这些不同之处是由房地产的特性决定的。房地产的主要特性有不可移动、各不相同、寿命长久、价值较大、相互影响、难以变现和保值增值等。

（一）不可移动

不可移动，是指房地产的位置是固定的，不能移动的。因位置不可移动，每宗房地产与市中心、公园、学校、医院等的距离及其对外交通、外部配套设施、周围环境等，均有一定的相对稳定性，从而形成了独特的自然地理位置和社会经济位置。

房地产的不可移动，决定了它不像动产那样能够在不同地区调剂余缺，从供给过剩、需求不足、价格较低的地区，运送到供给短缺、需求旺盛、价格较高的地区。因此，房地产市场通常不是全国性市场、更不是全球性市场，而是地区性市场（一般可将一个城市视为一个市场），其供求状况、价格水平和价格趋势等都是地区性的，在不同地区有所不同，甚至它们的变化是反方向的，如通常所说的城市房地产市场分化，房地产市场调控因此需要"因城施策"。

【例 1-1】武汉和郑州虽同属于我国中部地区，但武汉房地产市场的供求状况、价格水平、发展趋势却与郑州房地产市场有明显差异，这主要是由于房地产具有（　　）的特性。

A. 各不相同　　　B. 不可移动　　　C. 价值较大　　　D. 难以变现

【解】武汉与郑州的房地产市场存在明显差异，是由于房地产不能像动产那样能够在不同地区调剂余缺，也就是房地产是不可移动的，因此本题答案为 B。

（二）各不相同

房地产的各不相同，使得市场上没有完全相同的房地产供给，房地产之间难以完全替代，房地产市场不是完全竞争市场，房地产价格千差万别，通常是"一房一价"。因此，看中的房子如果错过机会购买，再想买到相同或相似的房子就不容易了。房地产交易不宜采用样品交易的方式，即使有户型图、内外照片或视频，也应到交易房屋实地查看、亲身感受和体验。

（三）寿命长久

房屋的使用寿命通常可达数十年，例如国家标准规定住宅建筑结构的设计使用年限不应少于 50 年。在我国，人们虽然没有土地所有权，只有土地使用权，但其使用期限通常较长，而且建设用地使用权期间届满的，可以申请续期。特别是住宅建设用地使用权，其出让年限最长，一般为 70 年，且其期间届满的，自动续期，相当于无期限延长。因此，房地产的寿命是长久的，可供其拥有者长期使用或为其带来持续的收益，例如，房屋可一次签订最长 20 年的租赁合同，长期收取租金。

（四）价值较大

与一般商品相比，房地产不仅单价高，而且总价也高。从房地产单价来看，目前绝大多数城市，每平方米建筑面积房屋的价格，低则数千元，高则上万元，甚至十万元以上。对于许多人来说，购买住房通常是一个人一生中最大的支出，不仅要花掉过往所有的积蓄，并且还需要申请住房贷款。有时因住房面积过大导致许多人买不起，出现较小面积住房的单价比较大面积住房明显高的现象。

（五）相互影响

房地产因不可移动、寿命长久，其用途、建筑高度、建筑外观等状况，通常对周围的房地产产生较大而长久的影响；反过来，周围房地产的这些状况，也会影响该房地产。例如，影响自然通风、自然采光、日照、景观、空气、安宁、安全、人口流量等。房地产的相互影响还表现在房地产价格影响上，例如在住宅附近建高档别墅、高级酒店、高尔夫球场等，通常会使该住宅价格上升；如果建加油站、厂房、仓库、集贸市场等，则通常会使该住宅价格下降。

【例1-2】邹某2016年购买了一套住宅，2019年该住宅南面200m处修建了一个加油站，使得该住宅价值有所降低，这种现象说明房地产具有（　　）的特性。

　　A. 不可移动　　　B. 价值较大　　　C. 相互影响　　　D. 保值增值

【解】由于在住宅南面200m处修建加油站，使居住环境受损，导致住房价值降低，这说明房地产是相互影响的，因此本题答案为C。

（六）难以变现

难以变现也称流动性差、变现能力弱。房地产的难以变现，决定了它流动性差。房地产因价值较大、各不相同、不可移动，加上交易涉及环节较多、过程复杂、税费较多等原因，使得房地产一旦需要出售时，通常要花较长时间才能售出。例如，卖家需要几个月甚至更长时间才能找到买家，买卖双方谈判、议价、办理权属转移登记的时间也比较长。因此，房地产与存款、股票、基金、债券等相比，变现能力弱。当房地产拥有者急需资金而不得不将房地产快速售出时，只有以相当幅度的降价为代价才能实现；有时即使做了一定幅度的降价，可能在短时间内也难以找到买家。

（七）保值增值

房地产的保值增值，是指房地产随着交通等基础设施和公共服务不断改善、环境美化、人口增加等，其原有的价值通常可以得到保持，甚至不断增加。房地产不像电脑、手机、照相机等科技产品，随着新技术不断出现、生产效率提高、生产成本降低、更好的产品面世，价值会降低很快。

需要说明的是，房地产保值增值特性，从长期趋势上来看是这样的。房地产价格一般是波浪式上升的，并不代表着房地产价格只涨不跌，房地产价格往往随着经济社会的波动而波动。

第二节　土地所有权与国有土地供给

一、我国土地制度的核心要点

我国实行土地的社会主义公有制，即全民所有制和劳动群众集体所有制。《中华人民共和国土地管理法》（简称《土地管理法》）规定，我国城市市区的土地属于国家所有。农村和城市郊区的土地，除由法律规定属于国家所有的以外，属于农民集体所有。

国家所有土地的所有权由国务院代表国家行使。任何单位和个人不得侵占、买卖或者以其他形式非法转让土地。

因此，我国土地公有制的法律表现形式是国有土地所有权和农民集体土地所有权。国家和农民集体是我国土地所有权的主体。国家所有土地的所有权由国务院代表国家行使。农民集体所有土地的所有权应当由作为该土地所有权主体的农民集体行使。

改革开放前，我国采取行政划拨的方式，把城镇国有土地无偿划拨给单位和个人无期限使用，不允许土地使用权作为一项财产权利流转。改革开放后，行政划拨这种土地使用制度越来越不适应经济社会发展需要，因此对原有土地使用制度进行改革，逐步建立了土地使用权有偿出让和转让制度。

二、国有土地的供给方式

我国国有土地供给实行有偿使用和划拨两种方式。除国家核准的划拨土地可以无偿使用外，其他国有土地都应以有偿方式供给。

（一）国有土地有偿使用

国有土地有偿使用，是指国家将国有土地使用权在一定年限内出让给土地使用者，由土地使用者向国家支付土地使用权出让金的行为。

《中华人民共和国城市房地产管理法》（简称《城市房地产管理法》）规定："土地使用权出让，可以采取拍卖、招标或者双方协议的方式"。《招标拍卖挂牌出让国有建设用地使用权规定》又明确了一种新的出让方式——挂牌出让。因此，我国现行国有建设用地使用权的出让方式包括 4 种：拍卖、招标、挂牌和协议出让。

拍卖出让国有土地使用权，是指出让人发布拍卖公告，由竞买人在指定时间、地点进行公开竞价，根据出价结果确定土地使用者的行为。

拍卖出让方式引进了竞争机制，排除了人为干扰，政府也可获得最高收益，较大幅度地增加财政收入。这种方式主要适用于投资环境好、盈利大、竞争性强的商业、金融业、旅游业和娱乐业用地，特别是大中城市的黄金地段。

招标出让国有土地使用权，是指市、县人民政府土地行政主管部门（以下简称出让人）发布招标公告，邀请特定或者不特定的公民、法人和其他组织参加国有土地使用权投标，根据投标结果确定土地使用者的行为。投标内容由招标小组确定，可仅规定出标价，也可既规定出标价，又提出一个规划设计方案，开标、评标、决标须经公证机关公证。招标出让的方式主要适用于一些大型或关键性的发展计划与投资项目。

挂牌出让国有土地使用权，是指出让人发布挂牌公告，按公告规定的期限将拟出让宗地的交易条件在指定的土地交易场所挂牌公布，接受竞买人的报价申请并更新挂牌价格，根据挂牌期限截止时的出价结果确定土地使用者的行为。

协议出让国有土地使用权，是指土地使用权的有意受让人直接向国有土地的代表提出有偿使用土地的愿望，由国有土地的代表与有意受让人进行谈判和切磋，协商出让土地使用的有关事宜的一种出让方式。它主要适用于工业项目、市政公益事业项目、非盈利项目及政府为调整经济结构、实施产业政策而需要给予扶持、优惠的项目，采取此方式出让土地使用权的出让金不得低于国家规定所确定的最低价。以协议方式出让土地使用权，没有引入竞争机制，不具有公开性，人为因素较多，因此对这种方式要严格限制，以免造成不公平竞争、以权谋私及国有资产流失。

《中华人民共和国民法典》（简称《民法典》）规定，工业、商业、旅游、娱乐和商品住宅等各类经营性用地以及同一土地有两个以上意向用地者的，应当采取招标、拍卖等公开竞价的方式出让。

（二）国有土地使用权划拨

国有土地使用权划拨，是指土地使用者经县级以上人民政府批准，以无偿方式取得或缴纳征地拆迁补偿、安置等费用后取得的土地使用权。

三、国有土地使用权的出让年限

不同用途房地产，其土地使用权出让的最高使用年限是不同的。《中华人民共和国城镇国有土地使用权出让和转让暂行条例》规定了不同用途土地的土地使用权出让最高年限，具体如下：①居住用地 70 年；②工业用地 50 年；③教育、科技、文化、卫生、体育用地 50 年；④商业、旅游、娱乐用地 40 年；⑤综合或者其他用地 50 年。

每一块土地的实际使用年限，应在最高年限内，由出让方和受让方双方商定。土地使用权年限开始计算的日期，是房地产开发企业取得土地使用权的日期，而不是建筑物竣工的日期。

《民法典》规定，住宅建设用地使用权期限届满的，自动续期。续期费用的缴纳或减免，依照法律、行政法规的规定办理。非住宅建设用地使用权期限届满后的续期，依照法律规定办理。该土地上的房屋以及其他不动产的归属，有约定的，按照约定；没有约定或者约定不明确的，依照法律、行政法规的规定办理。

第三节　房地产及住宅的种类

一、房地产的种类

房地产分类的维度有很多种，针对房地产经纪行业，本书仅仅介绍按照房地产用途进行分类的房地产种类，具体包括：

（1）居住房地产：是指供家庭和个人居住使用的房地产，包括住宅和集体宿舍。

（2）办公房地产：是指供处理各种事务性工作使用的房地产，即办公楼，又可分为商务办公楼（俗称写字楼）和行政办公楼。

（3）零售商业房地产：是指供出售商品使用的房地产，包括商业店铺、百货商场、购物中心、超级市场、交易市场等。

（4）旅馆房地产：是指供顾客住宿使用的房地产，包括宾馆、酒店、度假村、旅店、招待所等。

（5）餐饮房地产：是指供顾客用餐使用的房地产，包括酒楼、美食城、餐馆、快餐店等。

（6）体育和娱乐房地产：是指供人健身、消遣使用的房地产，包括体育馆、保龄球馆、高尔夫球场、滑雪场、影视剧、游乐场、娱乐城、康乐中心等。

（7）工业房地产：是指供工业生产使用或直接为工业生产服务的房地产，包括厂房、仓库、车间等。

（8）农业房地产：是指供农业生产使用或直接为农业生产服务的房地产，包括农地、农场、林场、牧场、果园、种子站、拖拉机站等。

（9）特殊用途房地产：包括汽车站、火车站、机场、码头、医院、学校、博物馆、教堂、寺庙、墓地等。

（10）综合用途房地产：是指具有上述两种（含）以上用途的房地产，如商住楼。

二、住宅的种类

（一）存量住宅和增量住宅

存量住宅又称二手住宅，简称二手房，一般是指居住使用过的住宅。增量住宅，简称新房、一手房，是指新建成的住宅。从房地产开发企业购买的新建商品住宅，即使购买后没有居住使用，再转售时通常也称为二手房。

存量住宅中，房龄较短（一般 5 年以内）的，称为次新住房；房龄较长（一般超过 10 年不超过 30 年）的，称为旧住房；房龄很长（一般超过 30 年）的，称为老旧住房。房龄也称为楼龄，是指房屋的年龄，自房屋竣工之日起开始计算，不论房屋是否空置，都计算房龄。

【例1-3】某楼盘房地产开发企业于 2000 年取得该土地使用权，2002 年建成竣工，客户梁某于 2004 年入住，2006 年办理不动产权证书，请计算截至 2021 年该住宅的房龄。

【解】该住宅的房龄计算如下：房龄 =2021- 竣工年份 =2021-2002=19 年

（二）低层住宅、多层住宅、高层住宅和超高层住宅

依据《民用建筑设计统一标准》GB 50352—2019，住宅的地上建筑高度不大于 27.0m 的，为低层或多层住宅；大于 27.0m、不大于 100.0m 的，为高层住宅；大于 100.0m 的，为超高层住宅。住宅按照层数分类时，1~3 层为低层住宅，4~9 层为多层住宅，10 层及以上为高层住宅。

上面说的层数，是指自然层数。现实中，有自然层数和标示层数。自然层数即实际层数，是按照楼板、地板分层的楼层数。标示层数即名义层数，是部分开发商为了回避所谓不好的楼层数字，而人为标示的楼层数。例如，一幢自然层数为 12 层的住宅，为了回避 4 这个数字，将实际的 4 层标示为 5 层，因此其标示层数就变成了 13 层。

层数又可分为总层数和所在层数，地上层数和地下层数。总层数通常是指地上总层数；在有特殊说明的情况下，总层数有时也指地上总层数与地下总层数之和。

所在层数是指楼房中的某套用房位于的楼层数。在实际经纪业务中，需要说明交易房屋的所在楼层和总楼层，可简要表述为"所在楼层 / 总楼层"。例如某住宅位于一幢总层数为 16 层的住宅楼的 12 层，则该住宅的楼层可表述为"12/16"。

高中低楼层各有优缺点。高楼层的优点是：采光好、视野好、灰尘少、噪声小、不潮湿。低楼层的优点是出入方便、不担心电梯故障、灾害发生时易逃生。老年人和小孩适宜选择低楼层。

（三）低密度住宅和高密度住宅

根据建筑物密度分类，住宅可分为低密度住宅和高密度住宅。低密度住宅又分为低层低密度住宅、高层低密度住宅；高密度住宅又分低层高密度、高层高密度住宅。对消费者来说，密度越大，资源越紧缺，居住舒适度越低。因此，在其他状况相同的情况下，其优劣顺序是（从好到差）：低层低密度住宅、高层低密度住宅、低层高密度住宅、高层高密度住宅。

【例1-4】客户徐某很看重居住舒适度，因此非常关注建筑物密度这个参考指标。从客户的需求出发，经纪人郭某向徐某推荐的住宅类型，应优先选择（　　　）。

A. 高层高密度住宅　　　　　　B. 高层低密度住宅

C. 低层高密度住宅　　　　　　D. 低层低密度住宅

【解】按照建筑物密度排序（从好到差），分别是：低层低密度住宅、高层低密度住宅，低层高密度住宅、高层高密度住宅。因此，经纪人向客户推荐的住宅类型应为低层低密度住宅，本题答案为D。

（四）板式住宅、塔式住宅和板塔结合住宅

板式住宅简称板楼，是指由多个单元组成，每个单元设有楼梯或者楼梯和电梯的住宅。板式住宅不仅出现在多层中，还出现在高层中。塔式住宅，是指以共用楼梯、电梯为核心布置多套住房的高层住宅。塔式住宅多出现在高层中。板塔结合住宅是指一幢住宅楼中既有板楼户型又有塔楼户型的住宅。

板式住宅的优点有：①通风采光较好；②得房率较高；③建筑密度较小。缺点有：①户型格局不宜改造；②占用土地资源多。塔式住宅的优点有：①节约土地资源；②空间格局灵活。缺点有：①通风采光较差；②建筑密度较大。

（五）平层住宅、错层住宅、复式住宅和跃层住宅

平层住宅是一套住宅内的各个功能空间均在同一平面上的住宅。错层住宅是一套住宅内的各个功能空间不在同一平面上，但未分成上下两层，仅用一定高度差进行空间隔断的住宅。复式住宅是在层高较高的一层楼中增建一个夹层，从而形成上下两层的住宅。跃层住宅是套内空间跨越上下两个楼层且设有套内楼梯的住宅。因复式住宅的上层是夹层，而跃层住宅是完整的两层，所以复式住宅上下两层合计的层高，要低于跃层住宅上下两层合计的层高。跃层住宅的面积按对应两层的面积之和计算，平层住宅、错层住宅、复式住宅的面积则按单层面积计算。

三、住宅的景观与环境

（一）住宅的景观

对于一宗房地产来说，其景观可理解为该房地产的配景或背景，包括周围的园林绿化、建筑小品以及周围观望所能看见的外围状况，可分为站在门口向外看的景观、从外窗向外看的景观、站在阳台向外看的景观、站在平台向外看的景观以及进出该房地产的沿途景观。

景观好的房地产，如能看到绿水（如海、江、河、湖等）、青山、知名建筑（如钟楼、城楼、剧院、广场等）、公园、大片绿地（如高尔夫球场）、成片树林（如森林、果园等）的房地产，其价值通常较高。景观差的房地产，如能看到公共厕所、垃圾站、烟囱、火葬场、墓地等的房地产，其价值通常较低。

一套住宅的景观与其所处的区位、楼幢、单元、楼层、朝向相关，即它们的差异可能导致住宅的景观差异。例如，位于江边的一幢住宅楼中的各套住宅，可能会因前方建筑物的遮挡，3层及3层以下没有江景，3层以上有江景。

（二）住宅的环境

目前，环境是人们最熟悉、最常用的词语之一，例如人们经常讲的自然环境、生态环境、居住环境、工作环境、营商环境、市场环境等。对于房地产经纪活动来说，主要是站在房地产交易当事人特别是购买人的角度，来看待交易房屋的室内外环境及其好坏。

房地产经纪活动中的环境，是指人处于特定房地产之中时，该房地产的室内外直接或间接影响人的生活、学习、休息和工作等各种自然因素和人文因素的总体，如空气质量、园林绿化、卫生状况、居民素质、治安状况等。

根据环境的属性，可将环境分为三类：①自然环境，是指未经过人的加工改造而天然存在的环境，包括空气、水、气候等。②人工环境，是指在自然环境的基础上经过人的加工改造所形成的环境，如居住区、建筑物、园林绿化、建筑小品等。③社会环境，是指人与人之间各种社会关系所形成的环境，包括政治制度、经济制度、文化传统、宗教信仰、社会治安、邻里关系等。对于买卖住房的人来说，该住宅所在地区（如城市或城市中某个行政区）的居民职业、收入水平、文化素养、民族、宗教、年龄、犯罪率等，都是社会环境。

作为城市中的一套住宅，影响其环境好坏的因素，主要有：①所在社区或住宅小区的园林绿化、卫生状况、社会治安、居民文化素养等；②周边是否有厌恶性设施；

③环境是否受到污染。

厌恶性设施通常是指会使人们产生厌恶、恐惧等心理的设施或场所，如公共厕所、垃圾站、垃圾场、变电站、火葬场、殡仪馆、传染病医院、牲畜屠宰场、危险品仓库、核电站、化工厂、加油站、液化气供应站等。

【例1-5】经纪人吴某始终遵循客户至上的价值观，在带看时会告诉客户房屋周边的厌恶性设施，让客户慎重选择。下列设施，属于厌恶性设施的是（　　）。

A. 垃圾站　　　　　　　　　B. 公共厕所

C. 液化气供应站　　　　　　D. 菜鸟裹裹快递柜

【解】垃圾站、公共厕所、液化气供应站属于厌恶性设施。菜鸟裹裹快递柜属于便民服务，不是厌恶性实施。因此，本题答案为ABC。

（三）环境污染源

环境污染是指有害物质进入环境，对人们的正常生活、身心健康等产生不良影响的现象。产生环境污染的主要原因是有污染源的存在。污染源包括：公共厕所，垃圾站，化工厂，移动的汽车、火车、轮船，集贸市场，建筑工地，烟囱，高压输电线路，无线电发射塔，受污染的河流，会产生有害物质的建筑材料等。

第四节　建筑物的构造与面积

一、建筑构件和设备

（一）地面和屋顶

地面是指建筑物底层的地坪，其主要作用是承受人、家具等荷载，并把这些荷载均匀地传递给地基。地面通常由面层、垫层和基层等构成。面层是人们直接接触的表面，应坚固耐磨、平整、防滑、易清洁、不起尘、绝缘性好。此外，居住和人们长时间停留的房间的地面，还应有一定的弹性和蓄热性能；厨房的地面，还应防水、耐火；卫生间的地面，还应耐潮湿、不漏水。

屋顶是建筑物顶部起遮盖作用的围护构件，通常由屋面、保温隔热层、承重结构层和顶棚等构成，其形式有平屋顶、坡屋顶和其他形式的屋顶。购买位于顶层的住宅，要特别关注屋顶。位于顶层的住宅，其优点是安静、视野好，甚至可以使用屋顶平台或屋顶花园，但如果屋顶的保温、隔热、防水做得不好，有可能夏热冬冷，甚至漏雨、渗水。

（二）承重墙和非承重墙的识别

根据墙体的受力情况，分为承重墙和非承重墙。承重墙和非承重墙的区分方法有：

（1）通过图纸判断。一般粗实线部分的墙体是承重墙，以细实线或虚线标注的是非承重墙体。

（2）通过声音判断。敲击墙体，没什么太多的声音为承重墙，有较大清脆回声的是非承重墙。

（3）通过厚度判断。非承重墙的墙体厚度明显比承重墙薄。一般来说，承重墙体是砖墙时，结构厚18~24cm，寒冷地区外墙结构厚度为37~49cm，混凝土墙结构厚度20cm或16cm，非承重墙12cm、10cm、8cm不等。

（4）通过部位判断。一般来说，外墙和邻居共用的墙都是承重墙，卫生间、储藏间、厨房及过道的墙一般是非承重墙。

（5）通过房屋结构判断。一般来说，砖结构或砖混结构房屋的墙都是承重墙，框架结构房屋内部的墙一般都是非承重墙。砖结构或砖混结构房屋一般在6层以下，也就是说6层以下房屋的墙通常都是承重墙。

（三）门窗尺寸

在住宅中，门窗的洞口尺寸、开启方式、所用材料，关系到采光、隔声、保温、隔热、能耗和视觉效果。例如，为保证采光，卧室、起居室的窗户面积一般不应小于地板面积的1/7，但不宜过大，否则能耗较高。入户门、卧室门洞口尺寸不应小于90cm×200cm。

（四）电梯设置

根据《住宅设计规范》GB 50096—2011，7层及以上的住宅必须设置电梯；12层及以上的住宅，每幢楼设置电梯不应少于2台。

电梯作为楼房一种竖向交通工具，使人上下楼方便。但也有可能发生停运、困人和伤亡等故障和安全事故，尤其是老旧电梯。因此，选择楼房特别是楼层较高的二手住宅时，要特别关注电梯的质量、数量、速度、使用年限、每天运行起止时间等。电梯的数量和服务范围决定候梯时间，通常是看一个单元的梯户比，即"几户几梯"，例如，是"1梯2户"还是"1梯4户"等。梯户比影响住户出行的便捷度、居住的舒适度、私密性、通风采光，是购房者在购房时要考虑的因素之一。

对于购房者来说，候梯的时间一般越短越好，因此梯户比越大越好；对于相同的梯户比，户数少的楼房较好。例如，"2梯4户"和"3梯6户"，其他状况相同的情况下，"2梯4户"较好。

【例1-6】电梯作为楼房一种竖向交通工具，使人上下楼方便。根据《住宅设计规范》GB 50096—2011，下列住宅，每幢楼设置电梯不应少于2台的是（   ）。

A. 7层及以上的住宅　　　　　　　B. 9层及以上的住宅

C. 10层及以上的住宅　　　　　　D. 12层及以上的住宅

【解】根据《住宅设计规范》GB 50096—2011，7层及以上的住宅必须设置电梯；12层及以上的住宅，每幢楼设置电梯不应少于2台。因此本题答案为D。

（五）设备层

设备层是指建筑物中专为设置给水排水、电气、供暖、通风和空调等设备和管道且供人员进入操作的空间层。建筑高度在30m以下的建筑，设备层通常设在地下室或顶层、屋顶。当建筑物层数较多时，设备层通常设在建筑物中间的某一层。由于建筑设备在运行中会产生声音、振动等，如果隔声、减振措施不好，靠近设备层的房间易受噪声、振动的影响。

二、房地产面积的种类

（一）建筑面积及其计算方式

1. 房屋建筑面积

房屋建筑面积通常指分户的建筑面积，由套内建筑面积和分摊的共有公有建筑面积组成，即：

$$建筑面积 = 套内建筑面积 + 公摊面积$$

2. 套内建筑面积

套内建筑面积由套内使用面积、套内墙体面积、套内阳台建筑面积组成，即：

$$套内建筑面积 = 套内使用面积 + 套内墙体面积 + 套内阳台建筑面积$$

3. 套内使用面积

套内使用面积简称使用面积，是指房屋内实际能使用的面积，按照房屋内墙面水平投影计算，包括卧室、客厅、餐厅、厨房、卫生间、过厅、过道、储藏室、壁橱等，不包括墙、柱等结构和保温层的面积，也不包括阳台面积。

4. 套内墙体面积

套内墙体面积是指套内使用面积周围的围护或承重墙体或其他承重支撑体所占的面积，其中各套之间的分隔墙和套与公共建筑空间的分隔墙以及外墙等共有墙，均按照水平投影面积的一半计算套内墙体面积。

5. 套内阳台建筑面积

套内阳台建筑面积均按照阳台外围与房屋外墙之间的水平投影面积计算。其中，封闭的阳台按照其外围水平投影面积全部计算建筑面积，未封闭的阳台按其围护结构外围水平投影面积的一半计算建筑面积。

6. 分摊的共有公有建筑面积

分摊的共有公有建筑面积简称公摊面积，是指某个房屋所有人在共有公用建筑面积中所分摊的面积。主要包括：大堂、公共门厅、走廊、过道、电梯前厅、楼梯间、电梯井、电梯机房、垃圾道、管道井、水泵房、消防通道、配电室等。凡已作为独立使用空间销售或出租的地下室、车棚、车库、仓库等，不应计入公用建筑面积部分。作为人防工程的地下室也不计入公用建筑面积。

【例1-7】客户秦某通过贝壳平台购买了一套新建商品住房，该住房建筑面积 $115m^2$，套内建筑面积 $92m^2$，套内使用面积 $85m^2$，套内阳台建筑面积为 $4m^2$。请计算该套住宅的套内墙体面积。

【解】该住宅的套内墙体面积计算如下：

套内墙体面积＝套内建筑面积－套内使用面积－套内阳台面积 $=92-85-4=3m^2$

衡量公有建筑面积是否合适的指标是公用建筑面积分摊系数。超出合理范围的分摊系数，购房分摊的面积就越大，实际可使用的面积就越小。住宅形态不同，公摊系数的合理范围也不同（表1-1）。

将整栋建筑物的公摊建筑面积除以整栋建筑物的各套套内建筑面积之和，得到建筑的共有公用建筑面积公摊系数，即：

公摊系数＝共有公用建筑面积之和÷套内建筑面积之和

不同形态住宅公摊系数   表1-1

住宅形态	别墅	6层及以下	7~11层	12~33层
公摊系数	1%~8%	7%~12%	10%~16%	14%~24%

各套（单元）的套内建筑面积乘以共有公用建筑面积公摊系数，得到购房者应合理分摊的公用建筑面积，也就是分摊的公用建筑面积 = 公用建筑面积分摊系数 × 套内建筑面积。

【例1-8】经纪人冯某带客户陈某看了一套房源，该房源套内建筑面积 $78m^2$，套内使用面积 $64m^2$，套内墙体面积 $6m^2$，产权证登记建筑面积 $90m^2$，请计算该住房的共有公用建筑面积公摊系数。

【解】该住房共有公用建筑面积公摊系数计算如下：

分摊的共有公用建筑面积 = 建筑面积 − 套内建筑面积 =90-78=$12m^2$

公用建筑面积公摊系数 = 分摊的共有公用建筑面积 ÷ 套内建筑面积 =12÷78=15.4%

（二）不同阶段的房屋面积

1. 预测面积

根据预测方式，预测面积分为按照图纸预测的面积和按照已完工部分结合图纸预测的面积。按照图纸预测的面积，是指在新建商品房预售时按照商品房建筑设计图上尺寸计算的房屋面积。按照已完工部分结合图纸预测的面积，是指对新建商品房已完工部分实际测量后，结合该商品房建筑设计图，测算出的房屋面积。

2. 实测面积

实测面积也称竣工面积，是指房屋竣工后由房产测绘单位实际测量出具的面积。预测面积与实际面积不一致，以实测面积为准。造成预测面积和实际面积不一致的原因有：①施工误差；②测量误差；③工程变更；④公摊面积改变等。

3. 合同约定面积

合同约定面积简称合同面积，是指新建商品房出卖人和买受人在商品房买卖合同中约定的所买卖新建商品房的面积。新建商品房预售中，因还没有实测面积，合同约定面积一般是预测面积。

4. 产权登记面积

产权登记面积简称产权面积，俗称房本面积，是指不动产权属证书记载的房屋面积，是实测的房屋建筑面积。二手房买卖中说的面积一般是该面积。

5. 实际面积

实际面积是指现实存在的面积。该面积可能比产权登记面积大，可能比产权登记面积小。例如，在有违规超建加建的情况下，实际面积比产权登记面积大，虽然超出的面积有一定使用价值，但没有法律保障。有的已购公房，当时为了规避面积超标，产权登记面积可能比实际面积小。

三、得房率的含义

同一套住房，建筑面积最大，套内建筑面积次之，套内使用面积最小。目前，交易中往往按照建筑面积计价，但建筑面积不直观，一般人测不出来。套内使用面积最直观，一般人能测出来。套内使用面积和建筑面积的关系，通常用得房率表示，即：得房率 = 套内使用面积 ÷ 建筑面积 × 100%。

【例1-9】客户王某通过经纪人张某带看了玫瑰庄园一套三居室，此住宅的建筑面积为120m²，套内使用面积为90m²，套内建筑面积为105m²，套内墙体面积为8m²，请计算该住宅的得房率。

【解】该住宅的得房率计算如下：

得房率 = 套内使用面积 ÷ 建筑面积 =90÷120=75%

得房率一般认为越大越好，但是过大，会牺牲必要的公共面积，反而让人觉得不舒适。得房率一般为 70%~80% 较好。

影响得房率的因素主要有：①建筑形式。通常情况下，板式住宅的得房率大于塔式住宅的得房率，一般大 10 个百分点。②建筑结构。如钢筋混凝土结构房屋的墙柱占用面积通常小于砖混结构房屋的墙体占用面积，因此钢筋混凝土结构房屋的得房率一般大于砖混结构房屋的得房率。③地区气温。北方比较寒冷，墙体厚，因此北方的得房率要小于南方的得房率。

四、房地产户型图

户型也叫房型，是指房屋（多指单元房）内部格局的类型。如一套住宅是"几室几厅几卫"。一套住宅的户型图，是该住宅的平面空间布局图。

住宅户型图表示的房屋朝向，一般为"上北下南、左西右东"，并用箭头或指南针标注正北方向。通过户型图，可以清晰地看到该户型的朝向、入口、房间内部布局（如门厅、客厅、餐厅、卧室、厨房、卫生间、过道、书房、衣帽间、储藏室、阳台等）、门窗的位置以及各组成部分的面积、长宽、朝向等。

【例1-10】一套住宅的户型图，就是该住宅的平面空间布局图。经纪人胡某让客户李某查看住宅的户型图，李某可以清晰地看到该户型的（　　　）。

A. 户型朝向　　　　　　　　B. 装修情况

C. 户型入口　　　　　　　　D. 各组成部分的面积

【解】通过户型图，可以看清户型的朝向、入口以及各个组成部门的面积，但不能看清住宅的装修情况，因此本题答案为ACD。

第五节　房地产价格

一、房地产价格的含义

房地产价格是和平取得他人房地产所支付的代价。它通常用货币来表示，一般也用货币来支付。

房地产与其他商品一样，之所以有价格，是因为它们有用、稀缺，并且人们对它们有需求，即有使用价值、稀缺性和有效需求。

使用价值是指物品能用来满足人们的某种需求，如水能解渴、房屋能居住。稀缺性是指物品的数量还没有多到使所有的人想要得到它时就能够得到它。有效需求是指对物品有支付能力支持的需要，即不仅愿意购买，而且有能力购买。

二、房地产价格的特点

房地产价格与家具家电等商品价格有共同之处，也有不同之处。其不同之处有：

（一）与区位密切相关

一般商品由于可以移动，其价格与区位关系不大。房地产由于不可移动，其价格与区位密切相关。在产权、结构等状况相同的情况下，区位较好的房地产，价格较高；区位较差的房地产，价格较低。一些好的公共设施的存在，也会导致房地产价格的高起。而某些厌恶性设施或项目，例如传染病医院、垃圾站、火葬场或有噪声污染的工厂，会导致周边房地产价格低落。

（二）实质上是权益的价格

一般商品是动产，其物权的转让通常是依照法律规定交付，因此其价格一般是商品本身的价格。房地产是不动产，其物权的转让是依照法律规定登记，因此房地产在买卖中转移的不是其实物，而是其房屋所有权或建设用地使用权。实物状况相同的房地产，权益状况可能千差万别，甚至实物状况好的，因权益较小或权利受到过多、过大限制，如违法建筑、权属不清晰、签署低价出租合同时间较长等，其价格较低；反之，实物状况较差，但因权益较大，如产权清晰，可改造，可扩建或改变用途，其价格较高。

（三）同时有买卖价格和租赁价格

一般商品由于价值不是很大，使用寿命较短，许多还是一次性使用或消费，所以主要发生买卖行为，其价格主要是买卖价格。房地产由于价值较大、寿命长久，所以同时存在买卖和租赁两种交易方式、两种交易市场。商铺、写字楼、标准厂房、仓库等房地产，甚至以租赁为主。因此，房地产同时有两种价格：一是其本身有一个价格，即买卖价格，简称价格；二是使用其一定时间的价格，即租赁价格，简称租金。

（四）易受交易者个别情况影响

房地产因为各不相同，且不能搬到一起进行比较，要了解房地产只有到实地查看，而且由于房地产价值较大，相似的房地产一般只有少数几个卖者或买者，有的房地产甚至只有一个卖者或者一个买者，所以房地产价格通常随着交易的需要而个别形成，并容易受交易者的个别情况（如议价能力，卖方急迫，买方偏好、感情冲动、财力等）的影响。

（五）形成价格的时间较长

房地产因为各不相同，相互之间可比性较差，加上价值较大，除非在房地产市场过热导致非理性抢购的情况下，人们对房地产交易一般是很慎重，从一个城市的平均值来看，从挂牌出售到签署买卖合同，通常需要几个月时间，并且挂牌价格也是不断调整的。

（六）包含内容复杂多样

房地产价格包含的内容复杂多样，造成表面上看似差异不大的房地产，价格相差较大，而价格相同或相差不大的房地产，其状况差异较大。这是因为房地产交易的税费种类较多，不同交易者享受的税费优惠不同，交易中买卖双方商定的税费承担方式不同，购买者付款方式不同，交房时间不同，甚至交易房地产包含的财产范围不同等。

【例1-11】客户李某欲通过经纪人周某购买一处办公用房，该办公用房的挂牌价格明显低于近期类似房源的平均成交价。周某深入了解后得知，该办公用房已出租、租金偏低、租期还有5年。上述现象说明房地产价格（　　　）。

A. 与区位密切相关　　　　　　　B. 实质上是权益的价格

C. 易受交易者个别情况影响　　　D. 包含内容复杂多样

【解】该题中的办公用房已出租、租金偏低、租期还有 5 年，说明该房地产权益受到较多限制，因此本题正确答案为 B。

三、房地产价格的种类

（一）挂牌价格、成交价格、市场价格

1. 挂牌价格

挂牌价格简称挂牌价，是指出售房地产时公开标出的要价，即公布的卖方的报价或要价。它不是成交价，且通常高于成交价。

挂牌价应真实，并定得合理。就真实性来说，它是卖方自己确定或者经纪人建议、卖方认可的报价。挂牌价不真实，特别是为了吸引客户故意标出明显低于正常市场价格的挂牌价，虽然一时可以吸引人们来询问，但会让人有上当受骗的感觉，最终会对经纪机构和经纪人不利。就合理性来说，挂牌价定得过高，会无人问津，长期卖不出去；而如果定得过低，则会低卖，损害卖方权益。

挂牌价通常随着市场行情变动，当市场火热时，卖方可能调高挂牌价。当市场低迷时，卖方可能调低挂牌价。

2. 成交价格

成交价格简称成交价，是指在成功的交易中买方支付和卖方接受的金额。它是已完成的事实，是个别价格，通常随着交易者、交易房地产的不同而有所不同。

在实际业务中，交易要成功，买卖双方的成交价必然高于或等于卖方最低要价，低于或等于买方最高出价。在买方市场下，因买方在交易上处于有利地位，成交价会偏向卖方最低要价；在卖方市场下，因卖方在交易上处于有利地位，成交价会偏向买方最高出价。

3. 市场价格

市场价格简称市场价、市价，是指某种房地产在市场上的平均交易价格。房地产因为各不相同，没有相同房地产的大量成交数据，所以房地产的市场价格应是以一些类似房地产成交价格为基础测算的。

（二）总价格、单位价格和楼面地价

1. 总价格

总价格简称总价，是指一宗或某一区域范围内的房地产整体价格。它可以是一套建筑面积 $90m^2$ 普通住宅的价格，或一座 $10000m^2$ 商场的价格。总价格一般不能完全反映价格水平的高低。

2. 单位价格

单位价格简称单价，主要有房地单价和土地单价。其中，房地单价是建筑物与土地合在一起的房地产单价，简称房价。单位价格一般可以反映价格水平的高低。

3. 楼面地价

楼面地价也称楼面价、楼板价，是一种特殊的土地单价，是指一定地块内分摊到单位建筑面积上的土地价格，即：

$$楼面地价 = 土地总价 / 总建筑面积 = 土地单价 / 容积率$$

认识楼面地价的作用十分重要，因为楼面地价通常比土地单价更能反映土地价格的高低。房地产市场上的所谓"面粉贵于面包"，就是指新出让地块的楼面地价高于同地段商品房价格。

【例1-12】某楼盘所在小区占地面积12万 m²，土地总价79560万元，容积率1.02，请计算该楼盘的楼面地价。

【解】该笔交易的楼面地价计算如下：

楼面地价 = 土地总价 / 总建筑面积 = 土地单价 / 容积率 =（79560/12）÷1.02=6500元

（三）正常负担价、卖方净得价和买方实付价

正常负担价即房地产交易税费正常负担下的价格，是指房地产交易税费由买卖双方各自负担下的价格，也就是在此价格下，卖方缴纳其应缴纳的税费，买方缴纳其应缴纳的税费。

同一房地产在价格水平相同的情况下，卖方净得价最低，买方实付价最高，正常负担价居中。三者的关系是：

$$卖方净得价 = 正常负担价 - 卖方应缴纳的税费$$
$$买方实付价 = 正常负担价 + 买方应缴纳的税费$$

在一笔交易中，买方实付价与卖方净得价之间的差值，就是该交易应缴纳的税费总和。若政府的调控政策增加了交易税费，那么买方实付价与卖方净得价之间的差值就会拉大。

若在一笔交易中，买卖双方约定，交易税费全部由买方承担，那么卖方净得价就是成交价。正常负担价 = 成交价 + 卖方应缴纳的税费；买方实付价 = 成交价 + 卖方应缴纳的税费 + 买方应缴纳的税费。

【例1-13】某套住房的成交价为100万元，卖方应缴纳的增值税、个人所得税合计10万元，买方应缴纳的契税为3万元，双方约定交易中所有税费由买方承担，请计算该笔交易卖方的净得价和买方的实付价。

【解】该笔交易卖方的净得价计算如下：

卖方的净得价 = 成交价 =100万元

该笔交易买方的实付价计算如下：

买方的实付价 = 成交价 + 卖方应缴纳的税费 + 买方应缴纳的税费 =100+10+3=113万元

（四）网签价格、计税核定价和贷款评估价

网签价格是指通过房地产管理部门的信息服务与监管平台办理房地产买卖合同备案时申报的价格。计税核定价是指税务机关为核定计税而评估的房地产价格。贷款评估价是指评估机构为商业银行等金融机构核定贷款额度而评估的房地产价格。

四、房地产价格的影响因素

（一）影响房地产价格的宏观因素

房地产价格的高低及其变动，是众多对房地产价格有影响的因素共同作用的结果。影响房地产价格的宏观因素有：

（1）人口数量。一个城市，当人口增加时，对房地产需求就会增加，房地产价格也会上涨；反之，房地产价格会下降。

（2）居民收入。一个城市，当居民收入增加时，对房地产需求就会增加，房地产价格也会上涨；反之，房地产价格会下降。

（3）利率。银行贷款利率增加，会加重居民购房成本，从而减少房地产需求，房地产价格也会下降；反之，房地产价格会上涨。

（4）首付款比例。首付款比例增加，会增加居民购房难度，从而减少房地产需求，房地产价格也会下降；反之，房地产价格会上涨。

（二）影响成套住宅价格的微观因素

对于一套住宅，影响价格的微观因素主要有：

（1）位置。临近市中心的住宅，价格往往较高；远离市中心的住宅，价格较低。在一个城市市区内，其他状况相同的情况下，两者的差异，最高可达3~5倍。

（2）朝向。以朝南为最佳，其他朝向的优劣顺序大致为东、西、北。若以朝南为

价格基准，朝东、朝西、朝北均应向下修正，但依据对经纪人和估价师调研，修正幅度不宜超过 5%。

（3）楼层。对于 7 层及以下的住宅，中间楼层较好，1 层和顶层较差。若以中间楼层为标准，1 层和顶层均应向下修正，但依据对经纪人和估价师调研，修正幅度不宜超过 5%。对 7 层以上的高层住宅，可以总层数的二分之一层为基准，高于基准层的楼层，价格高于基准价，顶层除外；低于基准层的楼层，价格低于基准价。

（4）装饰装修。装修可分为毛坯、粗装修、精装修。若以毛坯为基准，经过装修住宅的价格应向上修正，修正幅度为装修费用扣除装修折旧。例如，装修费用 20 万元，折旧 10 年，在第 5 年时，装修剩余 10 万元。

（5）层高和室内净高。层高是指上下两层楼面或楼面与地面之间的垂直距离。室内净高是指楼面或地面至上部楼板底面或吊顶底面之间的垂直距离，通俗来说，室内净高 = 层高 − 楼板厚度（图 1-1）。

依据《住宅设计规范》GB 50096—2011，普通住宅层高宜为 2.8m，卧室、起居室的室内净高不应低于 2.4m，厨房、卫生间室内净高不应低于 2.2m。局部净高不应低于 2.1m，且局部净高的室内面积不应大于室内使用面积的 1/3。若以层高 2.8m 为基准，高于 2.8m 应向上修正，反之向下修正，但依据对经纪人和估价师调研，修正幅度不宜超过 3%。

（6）户型。好户型标准是：客厅、卧室、厨房、卫生间面积合适（例如卧室使用面积不低于 $9m^2$），户型方正，南北通透，客厅和主卧朝南，避免走道，户型可塑性强（例如卧室、客厅等可重新设计布局）。

（7）建成年代。住宅的设计使用年限一般为 50 年。建成年代越靠近当前，也就

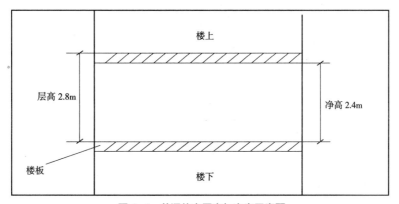

图 1-1　普通住宅层高与净高示意图

是房龄越小，住宅的价格越高。若建成年代以当前为基准，设计年限 50 年，建筑成本 5000 元 /m²，住宅建筑面积 90m²，则房龄为 10 年的住宅，应向下修正建筑成本 9 万元。

（8）物业服务。好物业服务的标准有：服务设施设备完备；有专人负责防卫；社区绿化率高；社区道路、楼梯等公共部分干净整洁；物业服务人员服务态度好、反应快；满足停车要求但占用较少社区绿地或休闲场地等。

（9）停车方便程度。衡量停车是否方便的因素有：有无停车位、车位数量、到其他停车场的距离等。

【例 1-14】经纪人罗某带领客户石某实地察看了某栋楼的 2 套住房，2 套住房的挂牌价格相差 5%。石某请罗某客观分析、找到性价比最优的那套住房。下列影响住房价格的因素，有利于罗某分析的有（　　　）。

A. 朝向　　　　　B. 楼层　　　　　C. 建成年代　　　　D. 装修情况

【解】影响住宅的微观因素：位置、朝向、楼层、装饰装修、户型、建成年代等。本试题中限定了同一栋楼，因此建成年代是相同的。因此本题正确答案为 ABD。

第二章
房地产经纪概述

人们在买卖或租赁房屋时，已经越来越习惯于借助专业的房地产经纪机构和经纪人来完成。为了让大家更加熟知房地产经纪活动，本章主要介绍房地产经纪的概念与基本原则、房地产交易、房地产经纪佣金等内容。

第一节　房地产经纪的概念与基本原则

一、房地产经纪的含义

2011 年 1 月，住房和城乡建设部、国家发展和改革委员会、人力资源和社会保障部联合发布了《房地产经纪管理办法》，这是我国第一个专门规范房地产经纪行为的部门规章。

依据《房地产经纪管理办法》，房地产经纪，是指房地产经纪机构和房地产经纪人员为促成房地产交易，向委托人提供房地产居间、代理等服务并收取佣金的行为。

【例 2-1】2011 年 1 月，由住房和城乡建设部、国家发展和改革委员会、人力资源和社会保障部联合发布的（　　），是我国第一个专门规范房地产经纪行为的法规。

A.《城市房地产管理法》　　　　B.《土地管理法》

C.《房地产经纪管理办法》　　　D.《城市房地产中介服务管理规定》

【解】2011 年 1 月，我国发布了《房地产经纪管理办法》，这是我国首个专门规范房地产经纪行业的部门规章，填补了我国房地产经纪行业的法规空白。因此，本题正确答案为 C。

二、房地产经纪与房地产中介的区分

在《城市房地产管理法》中，房地产经纪与房地产中介是不同的，房地产中介界定的范围广。房地产中介不仅包含房地产经纪，还包含房地产估价、房地产咨询。房地产经纪只是房地产中介的一部分。例如，《城市房地产管理法》第五十七条规定，房地产中介服务机构包括房地产咨询机构、房地产价格评估机构、房地产经纪机构等。

在《民法典》中，对中介合同进行了定义。《民法典》第九百六十一条规定，中介合同是中介人向委托人报告订立合同的机会或者提供订立合同的媒介服务，委托人支付报酬的合同。这里的中介，实际指的是居间。那么，房地产中介等同房地产居间。

2016 年 7 月，住房城乡建设部等七部门发布了《关于加强房地产中介管理促进行业健康发展的意见》（建房〔2016〕168 号），结合这个文件的全部内容，这里的房地产中介等同房地产经纪。

因此，房地产中介界定的范围可能大于房地产经纪，可能小于房地产经纪，也可能等同房地产经纪。严格区分其界定范围，应当结合上下文或者实际场景。在日常生活中，社会大众的一般认识是，房地产中介等同房地产经纪。

三、进一步理解房地产经纪

进一步理解房地产经纪，可以从下列四个方面入手：

（1）房地产经纪活动的前提是有委托人。委托人是向房地产经纪机构提出房地产经纪服务需要的单位和个人，是房地产经纪服务的需求者，主要包括房地产出卖人、出租人、购买人和承租人。

（2）房地产经纪的目的是促成房地产交易。房地产交易主要有买卖和租赁。如果委托人是房地产出卖人，则主要是以合适的价格将其房地产卖出；如果委托人是出租人，则主要是为其找到合适的承租人以合适的租金承租其房地产；如果委托人是购买人或承租人，则主要是为其以合适的价格买到或合适的租金租到合适的房地产。

（3）房地产经纪的主要形式是房地产居间和代理。房地产居间，是指房地产经纪机构和房地产经纪人员向委托人报告订立房地产交易合同的机会或者提供订立房地产交易合同的媒介服务，并向委托人收取佣金的行为。房地产代理，是指房地产经纪机构和房地产经纪人员以委托人的名义，在委托人授权的范围内，为促成委托人与他人达成房地产交易，向委托人提供相关信息和专业服务并收取佣金的行为。

（4）开展房地产经纪的报酬是佣金。佣金是指房地产经纪机构和房地产经纪人员提供房地产交易相关信息、实地看房、代拟房地产交易合同、协助委托人与他人订立房地产交易合同等房地产经纪基本服务，向委托人收取的服务费用。房地产经纪服务费用除了佣金，还有其他服务费。其他服务费，是指房地产经纪机构和房地产经纪人员提供代办贷款、代办房地产登记等房地产经纪其他服务，向委托人收取的服务费用。

此外需要说明的是，房地产经纪活动的客体包括各种类型的房地产，不仅包括存量房，还包括新建商品房；不仅包括住宅，还包括商业用房、写字楼、工业用房等非住宅；不仅包括房屋，还包括房地产开发用地、房地产开发项目等。其中，存量房中的存量住宅是房地产经纪活动的主要客体。

四、从事房地产经纪活动的基本原则

从事房地产经纪活动应当遵循自愿、平等、公平和诚实信用的原则，遵守职业规范，恪守职业道德。所谓"自愿"，是指在房地产经纪活动中，当事人应当按照自己的意愿和真实意志，自主进行房地产经纪活动。一方面，委托人可以自主决定是否要委托房地产经纪机构或者委托哪一家房地产经纪机构提供服务；另一方面，委托人还可以自主决定委托房地产经纪机构提供的服务内容。此外，对房地产经纪机构和房地产经纪人员而言，自愿原则还隐含着，在法律允许框架下，对谁提供房地产经纪服务也取决于其自主意愿。

所谓"平等"，是指在房地产经纪活动中，当事人的法律地位平等、权利义务对等。委托房地产经纪服务，需要当事人就委托事项充分协商、取得一致，在互利互惠基础上签订房地产经纪服务合同。房地产经纪活动当事人没有高低、从属之分，不存在命令者与被命令者、管理者与被管理者的关系。房地产经纪活动当事人享有平等的权利和义务，委托人享受房地产经纪机构提供经纪服务的权利，同时承担支付服务费用的义务。房地产经纪机构要按照合同尽职尽责地向委托人提供经纪服务，同时享受收取服务费用的权利。

所谓"公平"，是指房地产经纪活动当事人之间的权利义务要公平合理。房地产经纪机构提供的服务与委托人给付的费用是等值的，有关的负担和风险在两者之间合理分配。订立房地产经纪服务合同时，要根据公平原则确定双方的权利和义务，任何一方不得滥用权力、进行欺诈或者恶意隐瞒。房地产经纪机构收取的费用要与之提供的服务相适应。

所谓"诚实信用"，是指房地产经纪活动当事人在房地产经纪活动过程中要诚实、守信。一方面，委托人将房地产委托给房地产经纪机构出售或者出租时，不得隐瞒房地产真实情况，包括产权状况、实物状况、过去的使用情况等。另一方面，房地产经纪机构接受委托后要发布真实的房源信息，向客户推荐房源时，要将房源信息准确告知客户，客观分析房源优劣势，不得为了促成交易隐瞒已知悉的房源有关状况或者夸大其优势。此外，委托人还要为完成合同约定事项提供必要的条件，做出必要的努力，按照合同约定的承诺足额支付佣金。

五、房地产经纪行业监督管理部门

房地产经纪行业监督管理部门主要涉及住房城乡建设（房地产）、发展改革（价格）、人力资源社会保障等部门。三个部门按照职责分工监督管理房地产经纪活动。

住房和城乡建设管理部门是房地产经纪活动监督管理的主要部门，其职责包括：制定行业管理制度、受理备案、对行业进行监督检查等。近年来，住房和城乡建设部对房地产经纪行业管理不断加强，建立了以房地产经纪机构备案、房地产交易合同网上签约、房地产交易资金监管为主要内容的综合管理体系。

发展改革主管部门承担拟定并组织实施价格政策、监督价格政策执行的重要职能，负责制定房地产经纪相关的价格政策，监督检查价格政策的执行，对房地产经纪机构和房地产经纪人员的价格行为进行监督管理，依法查处价格违法行为和价格垄断行为。

人力资源社会保障主管部门承担完善职业资格制度，拟订专业技术人员资格管理政策等职能。2001年，根据国际惯例，人事部、建设部联合建立了房地产经纪人员职业资格制度。人力资源和社会保障部门还承担房地产经纪机构和房地产经纪人员劳动合同、社会保障关系的监督管理。

六、房地产经纪行业自律管理

行业组织是联系政府和企事业单位之间的桥梁和纽带。自律管理是行业管理的重要组成部分。行业组织的主要职责有：①开展行业研究、交流和考察活动；②拟订并推行执业规则；③开展业务培训；④提供业务咨询和技术服务；⑤开展国际交往活动，参加相关国际组织；⑥向政府有关部门反映会员的意见、建议和要求，维护会员的合法权益，支持会员依法执业；⑦办理法律、法规规定和行政主管部门委托或授权的工作等。

2004年，经建设部同意、民政部批准，成立于1994年的中国房地产估价师学会更名为中国房地产估价师与房地产经纪人学会，建立了全国性房地产经纪行业组织。根据转变政府职能的要求，2004年7月建设部将房地产经纪人注册工作交由中国房地产估价师与房地产经纪人学会负责。

近年来中国房地产估价师与房地产经纪人学会开展了一系列自律管理工作，发布了《房地产经纪执业规则》和《房地产经纪业务合同推荐文本》，开通了房地产经纪信用档案、开展了房地产经纪行业资信评价、发布了交易风险提示、通报了房地产经纪违法违规案件。经过几年的不懈努力和探索，目前初步形成了以房地产经纪人员执业资格注册管理制度为核心，以诚信建设和资信评价为基础，以案件通报和风险提示为手段，以规则制定、制度设计为引导的房地产经纪行业自律框架体系。

与发达国家和地区相比，我国大陆地区房地产经纪行业组织还很不健全。如美国除全美经纪人协会（NAR）这一全国性房地产经纪行业组织外，各州还拥有各自的协会，分别管理和处置各州的房地产经纪事务，美国50个州的地方性行业协会的会员也隶属于全美经纪人协会。我国台湾地区除了房屋中介经纪商业同业公会联合会外，各地也有相应的地方性协会。我国台湾的《不动产经纪业管理条例》还确定了"人必归业，业必归会"的原则，要求房地产经纪机构必须加入行业组织，接受自律管理。

第二节　房地产交易

一、房地产交易的含义

房地产交易是指房地产转让、房地产抵押和房屋租赁。房地产转让，又包括房地产买卖和房地产赠与等。在实际房地产经纪业务中，人们说的房地产交易，一般是指房地产买卖。本书所说的房地产交易，若不作特殊说明，也是指房地产买卖。

此外，房地产交易有时特指地产买卖签后的经纪延伸服务。例如，链家等房地产经纪机构设置的交易服务中心，主要负责网签、商业性贷款、公积金贷款、缴税、权属转移登记、抵押登记等房地产买卖签后的经纪延伸业务。因此，对于房地产交易的概念，要结合前后文，来判断其具体的含义。

二、房地产交易的特征

（1）金额很大。房地产价值较大，决定了购买住房往往是一个人一生中最大的支出，并且还需要申请贷款。有时因住房面积过大导致许多人买不起，出现较小面积住房的单价比较大面积住房明显高的现象。例如在北京中心城区，一套住房的平均总价在2017年之后达到了500万元。很多人买房，不仅要消耗自己的全部积蓄，还要父母及亲朋的"支援"，同时还得办理住房抵押贷款，连本带息还款30年。

（2）交易频次很低。房地产交易往往是一个家庭生命周期中规模最大、最为重要的一项决策，交易的频率很低。以北京为例，存量住房约750万套，近几年成交套数每年约15万套，若全部存量住房都交易一次，且无重复交易，至少需要50年才能完成。

（3）标的独特。房地产的独一无二，使得市场上没有完全相同的房地产供给，房地产之间难以完全替代，房地产价格千差万别，通常是"一房一价"。房地产交易不宜采用样品交易的方式，即使有户型图、内外照片或视频，也应到交易房屋实地查看、亲身感受和体验。

（4）环节较多。房地产涉及的环节包括房屋出售委托、客源房源匹配、带看、撮合谈判、签约、购房资质审核、办理网签、解除抵押、办理贷款、办理缴税、办理权属转移登记、办理抵押登记、银行放款、房屋交付等。

（5）交易完成时间较长。房地产一旦需要出售，通常需要几个月甚至更长时间找到买家，签约完成后，还需要 1~2 个月甚至更长时间完成后续手续。

（6）易受政策影响。房地产是各种生产、生活不可或缺的基础要素，关系民众生活、经济和社会稳定，所以包括我国在内的世界主要经济大国，对房地产交易进行政策干预。例如，政府为遏制房地产交易过热，可以采取的调控措施有：制定最高限价、提高购房门槛、提高商业贷款首付比例、上调贷款利率、缩短购房最长贷款期限、加大住房用地土地供应等。

（7）地区性市场。房地产的不可移动，决定了它不像动产那样能够在不同地区调剂余缺，因此，房地产市场通常不是全国性市场，更不是全球性市场，而是地区性市场（一般可将一个城市视为一个市场），其供求状况、价格水平和价格趋势等都是地区性的。

由于房地产交易的上述特点，对于缺少专业知识的消费者而言，购房变成一件极其辛苦的事情，他们迫切需要房地产经纪人的专业服务来完成交易。也就是说，房地产交易的上述特点，决定了专业的房地产经纪服务不可或缺。

【例2-2】目前，北京市存量住房大约有750万套，最近几年成交套数每年约15万套，若全部存量住房都交易一次，且无重复交易，至少需要50年。这种现象说明房地产交易具有（　　　）的特征。

A. 标的独特　　　B. 交易金额大　　　C. 交易频次低　　　D. 交易完成时间长

【解】房地产交易往往是一个家庭生命周期中规模最大、最为重要的一项决策，交易的频率很低。以北京为例，存量住房约750万套，近几年成交套数每年约15万套，若全部存量住房都交易一次，且无重复交易，至少需要50年才能完成。因此，本题答案为 C。

第三节　房地产经纪佣金

一、佣金的定义

佣金，也称中介费、经纪费、居间服务费，是指房地产经纪机构完成受委托事项后，向委托人收取的报酬。

按照《房地产经纪管理办法》的规定，房地产经纪机构提供的服务，可分为房地产经纪服务和房地产经纪延伸服务。房地产经纪服务的内容有：提供房地产信息、实地看房、代拟合同、协助签署合同等。房地产经纪延伸服务，实际中也称房地产交易服务，主要内容有：代办网签、协助办理贷款、协助办理不动产转移登记以及代理不动产抵押登记等。

房地产经纪服务和延伸服务，是分开收费的，但应分别签署委托合同。例如北京链家等房地产经纪机构，收费标准为成交价的2.7%，其中2.2%为经纪服务佣金，0.5%为经纪延伸服务费。

二、国家对佣金的规定

国家对佣金的规定主要包括下列三个方面：

（1）收费主体。佣金等服务费用应当由房地产经纪机构统一收取。房地产经纪人员不得以个人名义收取费用。

（2）明码标价。房地产经纪机构不得收取任何未予标明或者服务合同约定以外的费用；在未对标的房屋进行装饰装修、增配家具家电等投入的情况下，不得以低价购进（租赁）、高价售出（转租）等方式赚取差价；不得利用虚假信息骗取中介费、服务费、看房费等费用。

（3）业务合作的收费。两家或者两家以上房地产经纪机构合作开展同一宗房地产经纪业务的，只能按照一宗业务收取佣金；合作的房地产经纪机构应当根据合作双方约定分配佣金。

三、佣金标准的演变

据不完全统计，2020年，全国通过房地产经纪机构促成的各类房地产交易金额超过10万亿元，房地产经纪机构佣金收入超过2000亿元。

房地产经纪服务收费经历了从政府制定统一指导价，到将收费定价权限下放到省级，再到全面实行市场调节价的过程。目前已全面放开了房地产经纪服务收费，由房地产经纪机构与消费者协商定价。

　　1995年~2014年6月：实行政府指导价。1995年，国家计委、建设部下发了《关于房地产中介服务收费的通知》（计价格〔1995〕971号），规定房屋买卖代理收费，按成交价格总额的0.5%~2.5%计收；实行独家代理的，收费标准由委托方与房地产中介机构协商，可适当提高，但最高不超过成交价格的3%。房屋租赁代理收费，无论成交的租赁期限长短，均按0.5~1个月成交租金额标准，由双方协商议定一次性计收。北京、上海等地在国家标准的基础上根据实际情况，制定了各自标准。如在房屋买卖代理收费上，北京规定按成交价格总额的0.5%~1.5%计收；实行独家代理的最高收费标准不得超过成交价格总额的2%，特别复杂的交易，可以适当上浮，上浮比例最高不超过10%。上海与国家标准保持一致，即按成交价格总额的0.5%~2.5%计收；实行独家代理的，收费标准由委托方与房地产中介机构协商，可适当提高，但最高不超过成交价格的3%。房屋租赁代理收费，北京、上海与国家标准一致。

　　2014年6月~12月：下放收费定价权限。2014年6月，国家发展改革委、住房城乡建设部发布了《关于放开房地产咨询收费和下放房地产经纪收费管理的通知》（发改价格〔2014〕1289号），明确下放房地产经纪服务收费定价权限，由省级人民政府价格、住房城乡建设行政主管部门管理，各地可根据当地市场发育实际情况，决定实行政府指导价管理或市场调节价。

　　2014年12月至今：实行市场调节价。2014年12月，国家发展改革委发布了《关于放开部分服务价格意见的通知》（发改价格〔2014〕2755号），认为房地产经纪已具备竞争条件，决定放开房地产经纪服务收费，实行市场调节价。

四、发达国家和地区收取佣金的特征

　　在房地产经纪服务收费上，市场经济发达国家和我国港澳台地区有以下几个特征：

　　（1）定价模式：市场调节价为主流

　　美国、英国、澳大利亚、加拿大及我国香港地区房地产经纪服务收费实行市场调节，并经过多年发展，经纪服务收费标准基本固定，形成行规。而在日本及我国台湾地区，房地产经纪服务收费则实行政府指导价。值得说明的是，美国房地产经纪服务收费也曾经由政府进行规定，但随着社会的不断发展，政府规定模式限制了经纪机构向客户提供更多服务，收费逐渐放开限制。

（2）收费方式：与房价、房租挂钩

房地产买卖业务中，发达国家和地区的经纪服务收费均为房价的一定比例。而在房地产租赁业务中，经纪服务收费则与租金密切相关。在我们研究过的境外国家和地区中，还没有发现按单或面积收费的例子。

（3）收费标准：买卖服务收费多为差别化比率，租赁服务收费则大多为固定收费

美国因物业类型不同而收取不同比率的服务费用，一般大型商用房地产的收费比率为成交价的 3%~6%，独户住宅为 3%~8%，未开发土地为 6%~10%。英国则根据代理方式的不同实行不同的收费标准，其中独家代理模式一般为房屋售价的 1%~2%；多家代理模式一般为房屋售价的 2%~3.5%。日本则根据房价高低按照不同比率收取服务费。租赁经纪服务收费大部分国家为 1 个月或 1.5 个月租金。德国租赁经纪服务费用通常为 2 个月租金，对于比较难于出租的房屋，服务费用可能要收 3~6 个月房租，如果租赁期限超过 10 年，服务费用则以总租金的 5% 一次收取。

（4）收费对象：买方单方支付情况不多见

经纪服务收费支付主体，既有买卖双方（租赁双方）共同支付，也有卖方（出租方）支付，但买方（承租方）单方支付的情况较少。以买卖业务为例，在德国和我国香港、台湾地区，一般由买卖双方共同负担，而美国则由卖方支付。日本则既可以向单方收取，也可以向双方收取。这与当地的房地产市场是买方市场还是卖方市场有关。

五、我国大陆地区佣金标准与发达国家和地区的比较

与世界上绝大多数国家和地区的收费模式一样，我国大陆地区房地产经纪服务收费实行从价计费，即按照房地产交易金额的一定比例收取服务费用。关于佣金收费方式，从价计费符合房地产交易的特点，也是国际惯例。若按照套、按照面积或者定额计征有下列不足：一是，房地产是典型的非标商品，每笔交易的运营成本和房屋面积的相关性较差，而与总价的相关性较强。二是，房屋类型、区位差异很大，很难按照套、按照面积制定不同地区较为公平合理的收费标准。三是，按照套、按照面积收费不利于优质优价，对提高服务水平没有激励作用。

从单纯的佣金费率高低来比较，美国、日本的佣金费率高达 6% 左右，中国台湾地区、法国、意大利、西班牙为 5%，德国、俄罗斯为 4%，英国为 3%。而我国大陆地区大部分房地产经纪机构买卖业务的收费标准为成交价的 2%~3%，这是多年来市场演化形成的均衡水平。

在国外，交易撮合服务和签约服务通常相互分开，一般签后服务（包括资金监管、贷款申请、房屋估值、缴税过户等）由不同的机构来完成，并单独收费。据测算，美国、英国、日本平均每笔二手房交易的签后费用占总房款比例分别为 1.5%、1.7%、2.5%。在我国，存量住房交易的签后服务费用通常为 500 元至总房款的 0.5%。由此来看，我国大陆地区的佣金费率、签后服务费用处于较低水平。

第三章
房地产经纪机构和人员

房地产经纪机构和人员是房地产经纪活动主体，是房地产经纪服务的直接提供者。为了让大家更加熟知房地产经纪机构和人员，本章主要介绍房地产经纪机构概念、经营模式以及房地产经纪人员概念、职业资格制度、职业资格考试等内容。

第一节　房地产经纪机构

一、房地产经纪机构的含义

房地产经纪机构，是指依法设立，从事房地产经纪活动的中介服务机构。房地产经纪机构可以设立分支机构。

在名称上，对从事房地产经纪活动的单位或者组织，人们通常称为房地产中介机构、中介公司、中介企业、房地产经纪公司、经纪公司等。在各种实际场景中，房地产经纪机构称为房地产经纪公司最常见。此外，在互联网平台下，房地产经纪机构也称为房地产经纪品牌。品牌主指的是房地产经纪机构的负责人。

（一）应当依法设立

（1）所谓"依法设立"，是指依据《城市房地产管理法》《公司法》《合伙企业法》等法律，办理了工商注册，领取了营业执照。《城市房地产管理法》第五十七条规定："房地产中介服务机构包括房地产咨询机构、房地产价格评估机构、房地产经纪机构等。"第五十八条规定："房地产中介服务机构应当具备下列条件：①有自己的名称和组织机构；②有固定的服务场所；③有必要的财产和经费；④有足够数量的专业人员；⑤法律、行政法规规定的其他条件。设立房地产中介服务机构，应当向工商行政管理部门申请设立登记，领取营业执照后，方可开业。"

（2）房地产经纪机构可以以个体工商户组织形式设立。《个体工商户条例》第四条："申请办理个体工商户登记，申请登记的经营范围不属于法律、行政法规禁止进入的行业的，登记机关应当依法予以登记"。房地产经纪不是法律、行政法规禁止进入的行业，因此房地产经纪机构可以以个体工商户组织形式设立。

（二）可以设立分支机构

（1）对设立分支机构的房地产经纪机构没有门槛要求，任何房地产经纪机构都可以设立分支机构。

（2）分支机构的通常形式为分公司、门店，不是独立法人，但都应办理工商注册，领取营业执照。目前，以直营连锁开设的门店通常是分支机构。

（三）应具有足够数量的房地产经纪人员

《房地产经纪管理办法》第八条规定："设立房地产经纪机构和分支机构，应当具有足够数量的房地产经纪人员。"房地产经纪人员，是指房地产经纪人和房地产经纪人协理。这里的房地产经纪人和房地产经纪人协理有其特定含义。房地产经纪人、房地产经纪人协理是指通过住房和城乡建设部、人力资源和社会保障部举办的全国房地产经纪人资格考试、全国房地产经纪人协理资格考试，取得相应资格并经注册的人员。

在我国很多城市，例如北京、天津等，政府主管部门对开设门店均有房地产经纪专业人员的要求，其法律法规来源就是《房地产经纪管理办法》第八条。

【例3-1】在我国很多城市，例如北京、天津等，政府主管部门对开设房地产经纪门店，均要求具有一定数量的房地产经纪专业人员。这里的房地产经纪专业人员特指通过国家职业资格考试并注册的（　　　　）。

　　A. 房地产经纪人　　　　　　　　B. 房地产经纪人协理

　　C. 助理房地产经纪人　　　　　　D. 高级房地产经纪人

【解】《房地产经纪管理办法》第八条规定："设立房地产经纪机构和分支机构，应当具有足够数量的房地产经纪人员。"房地产经纪人员，是指房地产经纪人和房地产经纪人协理。这里的房地产经纪人和房地产经纪人协理有其特定含义。房地产经纪人、房地产经纪人协理是指通过住房和城乡建设部、人力资源和社会保障部举办的全国房地产经纪人资格考试、全国房地产经纪人协理资格考试，取得相应资格并经注册的人员。因此，本题答案为AB。

二、房地产经纪机构的经营模式

在房地产经纪机构中，经营模式主要有三种：直营连锁、特许加盟连锁和平台，其中平台是最近10年逐步发展起来的新型模式。

（一）直营连锁与特许加盟连锁的优缺点

直营连锁，是指从事房地产经纪活动的组织单元隶属于房地产经纪公司的经营模式。在这种模式下，房地产经纪门店是房地产经纪公司开设的分支机构，两者是一种隶属关系。

特许加盟连锁，是指从事房地产经纪活动的组织单元被房地产经纪公司授权使用其品牌、标识、作业系统等资源的经营模式。在这种模式下，房地产经纪门店不再是房地产经纪公司开设的分支机构，两者是一种契约合作关系，也就是各自都是独立企业。

直营连锁与特许加盟连锁的主要差异体现在：①产权构成不同；②管理模式不同；③法律关系不同；④筹资方式不同；⑤经营的自主权不同。二者的详细差异见表3-1。

直营连锁与特许加盟连锁详细差异　　　　　　　　　　表3-1

项目	直营连锁	特许加盟连锁
资金	总部投资	加盟者
决策	总部	总部为主
所有权和经营权	总部	加盟者
经营和教育支持	总部	总部
价格	统一价格	统一价格为主
门店人员选用	总部调动	加盟者任命
财务	收入和支出统一核算	收入和支出各自独立核算
开店速度	易受资金限制，开店速度慢	不受资金限制，开店速度较快
营业终止	总部决定	依据契约合同

直营连锁在扩大市场规模方面，会受到限制，其基本原因是：①优秀的店长和房地产经纪人是稀缺的，仅仅依靠公司内部培养不能满足需求；②房地产市场是区域性市场，空降人员对本地市场不熟悉，需要有一个重新了解的过程；③在异地面临较为强大的竞争对手，或者面临好的位置都被别人所占领的问题，从而缺乏先发优势；④店长的激励程度不如小公司下"老板"心态对于门店店长的激励；⑤房地产经纪人培养速度较慢、培养成本高。

特许加盟连锁的本质是一种资源整合，其价值有：①更轻更快速地扩大市场规模。平台企业专注于最有价值的事务，最终创造更多价值。同时，充分利用加盟商的资源实现资源整合和更快速扩张，具体的资源包括资金、好的位置、社会资源等。②更好的激励机制。通过加盟这种机制设计，激活了更多的个体活力，更多发挥加盟企业和个体的能动性。将大型组织打散，让更多的个体自主决策，最终减少管理成本，提高平台企业的管理半径。

做好特许加盟连锁的前提：①特许加盟连锁让所有人的工作效率和品质都得到了优化；②平台有足够的掌控能力，对于加盟商有足够的话语权；③合理的机制和规则；④文化和价值观的统一。

比较发现，美国轻加盟模式的前提条件在于对于房地产经纪人和经纪行业严格的监管，品牌公司的核心是设定规则，进行房地产经纪人的筛选，并没有对房地产经纪公司的运作和经纪人的行为有任何的约束，而严格的监管保证了品牌不会被做坏。中国房地产经纪公司最大的业务痛点在于房源真实性和共享合作上，纯粹的品牌并没有给加盟商带来太大价值。

因此，中国房地产交易特许加盟连锁核心的管理逻辑是：管房源、管合作、管风险。

【例3-2】房地产经纪公司的经营模式主要有：直营连锁和特许加盟连锁。相比直营连锁模式，特许加盟连锁模式的特点有（　　）。

A. 市场扩张更快速　　　　　　　B. 更容易管控

C. 对个体能更好激励　　　　　　D. 减少管理成本

【解】特许加盟连锁的本质是一种资源整合，其价值有：①更轻更快速地扩大市场规模。②更好的激励机制。通过加盟这种机制设计，激活了更多的个体活力，更多发挥加盟企业和个体的能动性。将大型组织打散，让更多的个体自主决策，最终减少管理成本，提高平台企业的管理半径。因此，总部对加盟门店的管控力不如对直营门店的管控力强，本题答案为 ACD。

（二）客源端平台和房源端平台的形式

参考市场经济发达国家经验，存量房行业有两个平台：客源端平台和房源端平台，对应的核心分别为"公盘私客"和"公客私盘"。

客源端平台连接的是经纪人和客户，房源端平台连接的是经纪人和经纪人。客源端平台核心是在于如何保证客户的体验，如何对用户形成黏性，最终实现用户分发，吸引经纪人付费；房源端平台本质依赖于经纪人的合作规则。

现有的国家的模式都在这两者之间。房地产门户网站，客源端平台的代表，英国的 RMV[①]和澳大利亚的 REA[②]是典型的客源平台代表和极致。客源平台的出现依赖于互联网，实现了信息的快速且免费的传输，另外也实现了和用户之间的连接。客源端平台本质上是依托线上的规模效应和网络效应，从而对于客户有非常好的黏性，形成客户的入口，从而具备销售线索的分发能力，最终形成正向循环。

客源端平台出现的前提条件：①互联网的出现，从而对客源吸引形成规模效应；②经纪公司相对分散；③独家委托，这样才能保证经纪人愿意分享信息，也才能保证线上的信息质量；④广告行业的监管，保证线上无假房源。

美国的 MLS，房源端平台最极致和典型的代表，在行业极度分散的情况下，依

---

① RMV 指 Rightmove Plc，是英国最大的房地产门户网站。

② REA 指 REA Group Ltd，是澳大利亚最大的房地产门户网站。

赖于极其强大的行业组织力量，对经纪人的行为进行强制的约束和控制，设定严格的规则，并且基于行业组织强大的力量，保证规则的施行。

房源端平台的构建需要满足以下复杂且必要条件：①线下公司极度分散（美国构建 MLS① 的时候，线下公司最大的不超过 300 人）；②中立的第三方拥有极强的影响力和约束力；③对于经纪人有较强的监管。各国都尝试过学习美国的 MLS，但基本都以失败告终。

客源平台和房源平台对比：在现有的技术条件下，从逻辑上，构建房源端的平台的难度远高于客源端平台。最核心体现在房源端的平台两边都是经纪人。经纪人之间既有合作又有竞争，并且竞争非常激烈，正向网络效应和负向网络效应都明显。

在一定区域的市场份额达到一定水平的时候，经纪人之间的负向网络效应将非常突出。客源端平台的双边为经纪人和客户，跨边的正向网络效应非常明显，客户之间的同向网络效应为正，仅在经纪人端会出现一定的负向网络效应。整体而言，客源端的平台更加稳固，并且更容易实现全国等更大区域的平台。美国 MLS 起步于 20 世纪 70 年代，在当时的技术条件下，构建客源的平台基本不可能，在协会的推动下，最终构建了房源端的平台。

在 2018 年之前，中国进行了第三种模式探索：合作内部化，大公司产生。其基础条件是：中国的状况（线下相对集中、无广告监管、多家委托）导致既没有办法产生强大的房源端平台，而公司合作亦更无可能。当客源端合作和房源端合作没办法外部化的时候，为了提高效率，合作只能内部化，即体现为大公司的产生。链家本质上是一个集房源端平台和客源端平台为一体的"公盘半公客"模式。公盘体现为房源的共享，半公客体现为内部不能切户，但是客户可以任意选择经纪人。

第二节　房地产经纪人员

一、房地产经纪人员的含义

房地产经纪人员，在不同场景下，其含义是不同的。当我们在谈到房地产经纪专

---

① MLS 全称为 Multiple Listing Service，即多重上市服务系统，是以会员联盟的形式，将不同房地产经纪公司纳入一个加盟体系，体系中成员的房源和求购信息集合在一个网站的共享数据库中。

业人员职业资格时，房地产经纪人员，是指取得相应级别房地产经纪专业人员职业资格证书，并从事房地产经纪服务的人员。

在日常实际业务中，社会大众说的房地产经纪人或经纪人，通常泛指从事房地产经纪业务的人员。这些人员不一定取得了房地产经纪专业人员职业资格证书。

二、房地产经纪专业人员职业资格制度

设立房地产经纪专业人员职业资格制度是国际通行做法。我国房地产经纪专业人员职业资格制度的建立经历了一个过程。2001年12月18日，根据国际惯例，人事部、建设部联合发出《关于印发〈房地产经纪人员职业资格制度暂行规定〉和〈房地产经纪人执业资格考试实施办法〉的通知》，建立了房地产经纪人员职业资格制度。2011年1月20日，住房城乡建设部、国家发展改革委、人力资源社会保障部联合发布《房地产经纪管理办法》，再次强调国家对房地产经纪人员实行职业资格制度，纳入全国专业技术人员职业资格制度统一规划和管理。2012年5月11日，人力资源和社会保障部印发了《关于清理规范职业资格第一批公告》，将房地产经纪人列入职业水平评价类职业资格。2015年6月25日，人力资源社会保障部、住房城乡建设部在总结原房地产经纪人员职业资格制度实施的基础上，重新发布了《关于印发〈房地产经纪专业人员职业资格制度暂行规定〉和〈房地产经纪专业人员职业资格考试实施办法〉的通知》。2017年9月12日，经国务院同意，人力资源社会保障部公布《国家职业资格目录》，房地产经纪专业人员职业资格被纳入《国家职业资格目录》中，属于专业技术人员职业资格。房地产经纪专业人员职业资格也是我国房地产经纪行业唯一的职业资格。

综上所述，房地产经纪专业人员职业资格属于水平评价类专业技术人员职业资格，实施部门是住房城乡建设部、人力资源社会保障部、中国房地产估价师与房地产经纪人学会。

【例3-3】国家对房地产经纪人员实行职业资格制度，纳入全国专业技术人员职业资格制度统一规划和管理。房地产经纪人员职业资格制度起始于（　　）年。

    A. 2001　　　　　　B. 2005　　　　　　C. 2012　　　　　　D. 2015

【解】人事部、建设部于2001年12月18日联合发出了《关于印发〈房地产经纪人员职业资格制度暂行规定〉和〈房地产经纪人执业资格考试实施办法〉的通知》，建立了房地产经纪人员职业资格制度。因此，本题答案为A。

三、房地产经纪专业人员职业资格考试

房地产经纪专业人员职业资格分为房地产经纪人协理、房地产经纪人和高级房地产经纪人3个级别。房地产经纪人协理和房地产经纪人职业资格实行统一考试的评价方式。高级房地产经纪人职业资格评价的具体办法目前还不明确。

人力资源社会保障部、住房城乡建设部共同负责房地产经纪专业人员职业资格制度的政策制定，并按职责分工对房地产经纪专业人员职业资格制度的实施进行指导、监督和检查。中国房地产估价师与房地产经纪人学会具体承担房地产经纪专业人员职业资格的评价与管理工作。

房地产经纪人协理、房地产经纪人职业资格实行全国统一大纲、统一命题、统一组织的考试制度。原则上每年举行1次考试。从2018年上半年开始，在北京、上海等部分城市试点，每年举办2次考试。

房地产经纪人协理职业资格考试设《房地产经纪综合能力》和《房地产经纪操作实务》2个科目。考试分2个半天进行，每个科目的考试时间均为2.5h。房地产经纪人职业资格考试设《房地产交易制度政策》《房地产经纪职业导论》《房地产经纪专业基础》《房地产经纪业务操作》4个科目。考试分4个半天进行，每个科目的考试时间均为2.5h。

房地产经纪专业人员职业资格各科目考试成绩实行滚动管理的办法。在规定的期限内参加应试科目考试并合格，方可获得相应级别房地产经纪专业人员职业资格证书。参加房地产经纪人协理职业资格考试的人员，必须在连续的2个考试年度内通过全部（2个）科目的考试；参加房地产经纪人职业资格考试的人员，必须在连续的4个考试年度内通过全部（4个）科目的考试。

四、部分国家和地区房地产经纪人员的准入制度

美国、日本等市场经济发达国家和我国港澳台地区普遍实行房地产经纪人员职业资格准入，必须取得相应的资格或牌照才能从事房地产经纪活动。

美国的房地产经纪人员采用严格牌照制度，各州都有牌照法。美国的房地产经纪人员分为经纪人和销售员两类，年满18岁的自然人，受过专业知识训练并通过专业资格考试，才能获得牌照并注册执业。

加拿大房地产经纪人员管理与美国类似，甚至比美国还要严格一些。法律规定房地产经纪人必须考取执业牌照，加入房地产协会，挂靠在一家房地产经纪公司才能从

事房地产经纪业务，否则就是违法，将受到法律制裁。

日本实行更为全面的房地产交易经纪人签约及房地产经纪人员职业资格制度。日本法律规定：持有国家资格证的房地产经纪人，在房地产交易中是不可缺少的。房地产交易过程中，重要事项的说明，重要事项说明书的签字、盖章，交易合同的签字、盖章等都需要持证的房地产经纪人来完成，其他人员没有权利。房地产经纪人考试没有考试资格限制，考试形式为选择题，通过率一般在 13%~17%。

新加坡房地产经纪法案规定，房地产经纪人员从业牌照分为注册营业员牌照和房地产代理牌照两类，通过资格考试或具有同等资质的人员才能取得相应牌照。对未取得牌照非法从业的经纪机构和经纪人员，可以处以监禁、罚款。

我国香港地区从事房地产经纪服务，必须持有地产代理（个人）牌照或营业员牌照，无照执业为违法行为。新入行人士必须通过地产代理或营业员资格考试，及符合其他发牌条件才可申请有关牌照。如无牌照而从事地产代理、营业员的业务，可能会面临 50 万或 20 万港币罚款、监禁 2 年或 1 年的处罚。

我国澳门地区对房地产经纪人员实行严格的准入管理。法律规定"仅房地产中介人与房地产经纪可从事房地产中介业务""未持有效准照而以房地产中介人身份从事房地产中介业务者，罚款 5 万至 30 万（澳门币）；未持有效准照而以房地产经纪身份从事房地产中介业务者，罚款 2 万至 10 万（澳门币）。"房地产中介人指持有有效准照的房地产经纪机构，房地产经纪指的是房地产经纪从业人员。

我国台湾地区从事房地产经纪服务，必须通过考试院组织的专业技术考试，再向主管部门申请领取资格证书。取得资格证书后，需向主管机关申请登记，领取开业执照，才具备执业资格。《不动产经纪业管理条例》规定："经纪业不得雇佣未具备经纪人员资格者从事中介或代销业务。""非经纪业而经营中介或代销业务者，主管机关应禁止其营业，并处公司负责人、商号负责人或行为人新台币十万元以上三十万元以下罚款。"

第四章

房地产经纪行业

房地产经纪行业是房地产经纪机构和人员生存和发展的载体。为了让大家更加熟知房地产经纪行业，本章主要介绍中国大陆房地产经纪行业发展历史、房地产经纪行业现状和互联网对行业的影响等内容。

第一节　中国大陆房地产经纪行业发展历史

中国最古老的房地产居间交易活动产生于西汉（公元前 202 年～公元 8 年），在《史记·货殖列传》中，就有对居间活动的记载。之后约 2000 年，居间活动逐步演变发展。至中华民国时期，房地产交易活跃，北平对撮合房地产交易的人称呼"房纤"、上海称为"掮客"。后来，改名"房地产经纪人"。1949 年中华人民共和国成立后，国家一度废除了房地产私有制，房地产经纪也被逐渐取缔。

> 【例 4-1】中国的房地产经纪行业是一个古老的行业，《史记·货殖列传》就有对居间活动的记载。我国最早的居间活动产生于（　　）。
>
> A. 秦朝　　　　　B. 西汉　　　　　C. 唐朝　　　　　D. 宋朝
>
> 【解】中国最古老的居间活动产生于西汉（公元前 202 年～公元 8 年），在《史记·货殖列传》中，就有对居间活动的记载。因此，本题答案为 B。

一、房地产经纪行业复苏阶段

房地产经纪行业复苏的时间段大约是 1978~1997 年，持续时间大约 20 年。其阶段特点，是随着房地产交易从国家分配（福利分房）往福利分配加市场交易的双轨并行演进，房产经纪行业在中国内地（大陆）恢复运营。

1978 年之前，由于政府与国有企业是城市住房投资、建设、分配和维护的主体，住房供给严重不足。1978 年城镇人均住房建筑面积只有 $6.7m^2$。

1980 年 6 月，中共中央国务院批转国家基本建设委员会党组文件《全国基本建设工作会议汇报提纲》，标志着中国住宅商品化改革的开始。政府通过在部分城市试点，由企业、个人、政府各自承担房价的 1/3（即"三三制"），鼓励职工自主购房。然而，这一改革并不成功，因个人购房与当时低租金的矛盾，以及企业承担的隐性高成本而受阻。

1983 年国务院发布了《城市私有房屋管理条例》，规定了房屋产权登记制度。1987 年全国城镇房屋所有权登记发证工作全面展开，1990 年全国基本完成了房屋所有权登记工作，80% 以上的房屋所有权人领取了房屋权属证书，这为房地产市场以及房地产经纪行业的发展创造了条件。

1987 年 10 月，中共十三大《沿着有中国特色的社会主义道路前进》报告明确指出社会主义市场体系包括房地产市场，这宣告了中国房地产市场的诞生。

1994 年 7 月，全国人大常委会通过的《城市房地产管理法》第五十六条规定："房地产经纪服务机构包括房地产咨询机构、房地产价格评估机构、房地产经纪机构等"。房地产经纪活动得到合法认可，房地产经纪行业走上了市场化发展的道路。同年同月，国务院发布的《关于深化城镇住房制度改革的决定》提出，根本目标是建立与社会主义市场经济体制相适应的新的城镇住房制度，实现住房商品化、社会化。

在这一阶段，政府对房地产经纪行业的认知也经历了从严禁到认可的过程。1983 年 12 月，国务院颁布《城市私有房屋管理条例》，明令"任何单位或个人都不得私买私卖城市私有房屋，严禁以城市私有房屋进行投机倒把活动"。1987 年 9 月，国务院颁布《投机倒把行政处罚暂行条例》，经纪活动不再是投机倒把行为。1988 年 8 月，建设部、国家物价局、国家工商行政管理局联合下发《关于加强房地产交易市场管理的通知》，提出"对一些在房地产交易活动中出现的尚存在争议的问题，如房地产经纪人问题等，可通过试点，从实践中摸索经验。"房地产经纪逐渐得到了国家和社会的认可。

1988 年国内第一家房产中介公司深圳国际房地产咨询股份有限公司成立。1993 年 2 月，第一家全国性的房地产经纪机构——中外合资建银房地产咨询有限公司成立；当年，深圳批准成立了近 70 家房地产经纪机构。

1992 年 7 月，上海首家房地产经纪企业——上海威得利房产咨询公司成立。1992 年底，上海房屋管理部门和工商登记批准成立的房地产经纪机构达到 12 家。1993 年之后，上海每年新增房地产经纪机构超过 300 家。1998 年底，上海已有 1905 家房地产经纪机构。

这一阶段，我国港台地区房地产经纪企业逐渐进入内地（大陆）。1990 年，我国香港地区中原地产进入内地市场。1993 年，我国台湾地区信义房屋进入大陆市场。1994 年，我国台湾地区太平洋房屋进入大陆市场。

这些房地产经纪品牌的进入，加剧了行业的竞争，也带来了新的经营理念。与此同时，内地的房地产经纪品牌也在竞争中渐露锋芒。

这个阶段房地产经纪行业突出的特点：一是规则混乱。民间的经纪活动有着所谓的"行规"，例如"成二破三"（佣金为 5%，买家支付 2%，卖家支付 3%）的佣金收取方式。同时，房地产经纪人给交易双方设置圈套，赚取差价的情况也较为常见。二是黑箱操作。对买卖双方来说，交易过程是一个"黑箱子"，交易双方处于劣势，对经纪人没有任何的约束和监控能力。房地产经纪人凭借信息垄断，提供强势服务，交易双方缺少谈判的权利和能力。三是从业人员素质低。房地产经纪市场奢谈服务，从业人员有时为了争抢生意大打出手，恶性事件频发。

二、房地产经纪行业初步壮大阶段

房地产经纪行业初步壮大的时间段是 1998—2013 年。1998 年 7 月，国务院发布《关于进一步深化城镇住房制度改革加快住房建设的通知》，确定了深化城镇住房制度改革工作的目标：停止住房实物分配，逐步实行住房分配货币化；建立和完善以经济适用房为主的多层次住房供应体系；发展住房金融，培育和规范住房交易市场。由于国家取消了福利分房，房地产全面市场化，新房和二手房交易逐步活跃起来。

> 【例 4-2】国务院发布《关于进一步深化城镇住房制度改革加快住房建设的通知》，确定停止住房实物分配，逐步实行住房分配货币化。由于房地产全面市场化，新房和存量房交易逐步活跃起来。上述通知发布的时间是（   ）年。
>
> A. 1994　　　　　B. 1998　　　　　C. 1999　　　　　D. 2001
>
> 【解】1998 年 7 月，国务院发布《关于进一步深化城镇住房制度改革加快住房建设的通知》，确定了深化城镇住房制度改革工作的目标。因此，本题答案为 B。

1999 年 11 月，北京市出台《已购公有住房和经济适用住房上市出售管理办法》，从政策层面开放二手房上市流通。也正是在这一年，中国建设银行率先开展二手房贷款业务，这一年也一度被认为是北京二手房市场发展的"元年"。虽然 1999 年被认为是理论上的二手房市场发展元年，但是真正对二手房开始松绑，还要晚一些。在这个时段内，房改房的上市出售还需要缴纳高额的"收益分成"。房改房主要是已购公有住房，这种按照成本价购买的公有住房，职工拥有部分房屋所有权，一般在 5 年后归职工个人所有，方可进入市场交易，但在交易前要交纳土地出让金。2002 年，北京市取消了原产权单位的优先购买权、未住满 5 年不得上市出售的规定以及收益分成的规定，二手房市场得以解禁，数百万套房改房被获准上市交易。

2001 年 12 月，人事部、建设部联合发布了《房地产经纪人员职业资格制度暂行规定》，对房地产经纪人实行职业资格制度。

自 2003 年开始，房地产买卖业务发展迅速。最初"吃差价"是当时业内默认的盈利模式。此后行业内许多房地产经纪机构意识到"吃差价"这一严重问题，也开始倡导不要"吃差价"。但在当时，真正践行这一理念的房地产经纪机构只有北京链家。

2003 年北京链家开始涉足买卖业务。触动北京链家反思"吃差价"的导火索，源自消费者对价格质疑，要求退还差价。践行"透明交易、签三方约、不吃差价"阳光交易模式后，北京链家一度承担了较大压力：三个月内，买卖业务经纪人大量流失。但是，随着消费者口碑的形成，2005~2006 年，北京链家的交易量增长迅速。2007 年，其他房地产经纪品牌也纷纷加入"不吃差价"的阵营中，行业陋习"吃差价"逐渐被改变。一些贪恋于差价交易暴利的房地产经纪机构，也逐渐被市场所淘汰。

这一阶段，房地产经纪行业呈现三方面的变化：一是房地产经纪机构数量的快速增长。截至 2001 年底，北京市房地产经纪机构的数量达到了 2000 家。在中国房地产经纪行业最发达的上海，最高峰时经纪门店数量达到 21000 家。二是受市场以及政策的影响，房地产经纪行业洗牌比较厉害。2005 年，北京市约有 400 家，也就是 10% 的经纪机构关闭。2006 年，上海市门店数量仅剩 8000 家，淘汰率高达 62%。三是大型房地产经纪机构门店数量扩张迅猛。在行业调整的过程中，房地产经纪机构清醒地意识到，规模经营是大势所趋，市场竞争趋势开始从分散走向集中，经纪企业逐步走向连锁化的经营模式，快速抢占市场份额。

链家于 2011 年开始尝试扩张城市版图。2011 年，链家确定了"2015 年进入 15 个城市"的规划，并于当年拓展了南京、成都、青岛三个城市，此时链家已经覆盖北京、大连、天津、南京、成都、青岛 6 个城市。我爱我家早在 2002 年就完成了北京、天津、太原、南京、苏州、杭州、上海 7 个城市的扩张。2013 年，我爱我家开始在全国范围内开启第二轮扩张，直营业务覆盖由原来的 7 个城市扩展到包括四川成都、广西南宁、河南郑州在内的 10 个城市，与此同时，我爱我家重启加盟业务，将业务扩展至江西南昌、湖南长沙、湖北武汉三大城市。

三、房地产经纪行业与互联网融合阶段

互联网与经纪行业的融合尝试始于 2014 年，并持续到现在。从线下到线上的典型案例是，2014 年链家在线更名为链家网，建设线上能力。而从线上到线下的典型案例包括，2015 年，A 头部房地产线上信息媒体平台公司决定转做线下交易，高佣抢夺经纪人，高补贴抢夺用户；另有 B 公司等知名互联网房产中介公司通过低佣金 + 去经纪机构等方式，试图颠覆传统经纪服务。

从线上到线下的"互联网经纪",主打低佣金、高底薪模式。A公司确定的佣金只有0.5%，B公司只有1%。B公司的底薪一度达到行业平均水平的两倍。低佣金吸引着消费者，而高底薪吸引着经纪人，传统经纪机构一度面临较大冲击。

但从商业模式看，在消费者端让利、在经纪人端高底薪的做法，结果是降低服务标准。以C公司的合伙经纪人模式为例：剔除管理层，将利润更多地分配给经纪人，但是缺少制度管控和人员管理的经纪人往往做出有损消费体验和恶化行业竞争的"切单"行为。这类创新并没有提升经纪行业的效率，反而让行业更加混乱。上述几轮创新也成为昙花一现。

经过此番洗礼，行业逐渐意识到，互联网可以解决信息的汇聚传递，但是任何商业模式都无法绕开经纪人的品质服务与用户信任这一环节。面对面的交流、实地体验、签后服务等长期服务能力，是传统线上互联网打法难以短期替代的。

2015年，链家通过多次收购进入新的市场，通过自建本地团队、收购本地品牌等方式，开拓并强化了在上海、深圳等城市的竞争优势，实现了跨区域布局。

专栏：房地产经纪规模指标

1. 经纪人覆盖密度

经纪人覆盖密度，是指服务一定数量（每1000人）居民的经纪人数量与一定数量居民的比率。这代表着经纪人对城市人口的总体服务能力。

从美国的情况看，NAR统计的会员经纪人数量在2020年近150万人，还有大量的兼职经纪人，千人经纪人覆盖率在5‰以上，即平均每1000个城市居民中，有5个以上经纪人。从不同区域的纵向对比看，大部分发达国家的这一指标保持在3‰~5‰之间。

2020年，中国房地产经纪人数量约180万人，服务于9亿城市人口，中国的这一指标约为2‰。中国经纪人的总量规模不小，但从经纪人覆盖密度看，并不算高。

2. 住房成交总金额（GTV）

住房成交总金额（GTV，Gross Transaction Value），是指一定时间（通常指1年）住房成交的总金额。可以按照下列公式计算：

住房成交总金额 = 住房成交总套数 × 套均总价 = 住房成交总建筑面积 × 每平方米均价

2020年中国存量房交易额约7.5万亿元，新房市场的销售金额约为15.5万亿元，两者合计 23 万亿元。

3. 经纪人人均单量

经纪人人均单量，是指一年交易单量与经纪人总数的比率。这代表着经纪人的平均产能，即平均一个经纪人能为消费者完成多少交易，是一个效率指标。

依据贝壳找房 2019 年 4 月的统计，贝壳找房平台连接的经纪人人均单量为 3.3 单，考虑到非贝联品牌的人均单量更低，全国房地产经纪人人均单量约 3 单。

2019 年，在北京，套均成交单价约 500 万元，佣金费率为 2.2%，若提成比例 40%，每单经纪人的平均收入 4.4 万元。若经纪人的收入要有吸引力，至少要达到平均薪资的 1.2 倍，也就是平均月薪资 13825 元，年薪资为 165900 元。这样，北京房地产经纪人每年只有达到 4 单，年收入才具有吸引力，才会有更多的大学本科毕业生加入经纪行业的队伍。

2019 年，在武汉，套均成交单价约 250 万元，佣金费率为 2%，若提成比例 40%，每单经纪人的平均收入 2 万元。若经纪人的收入要有吸引力，至少要达到平均薪资的 1.2 倍，也就是平均月薪资 10615 元，年薪资为 127380 元。这样，武汉房地产经纪人每年只有达到 6 单，年收入才具有吸引力，才会有更多的大学本科毕业生加入经纪行业的队伍。

其他城市情况基本类似。因此可得出，要使经纪人的收入有吸引力，经纪人的人均单量需要达到 4~6 单。房价高的城市，卖出的难度也大，可以为 4 单；房价适中的城市，卖出的难度小，需要达到 6 单。

第二节　房地产经纪行业的现状

房地产经纪机构经营的本质，是建立消费者满意的正循环，即服务品质—消费者满意—经纪人效率—人均从业时长—服务能力—经纪人品质—服务品质。这个正循环在房地产经纪行业过去 20 年发展中，其实没有建立起来。经纪行业的现状和痛点是什么？

一、房地产经纪行业的现状

一是，经纪人平均从业年限短。平均从业年限，是指所有经纪人平均的从业时长。经纪人是服务供应链的中心环节，经纪人的实践经验和业务成熟是决定消费者体验的关键因素。从业年限是最直观的衡量指标。目前中国经纪人的平均从业时长为 8 个月。衡量经纪人从业时长的指标还有超过 N 年经纪人占比，例如超过 1 年、2 年……10 年等。按照链家总结，经纪人工作年限超过 1 年，才可能实现从事经纪业务的稳定性；工作年限超过 2 年，才可能提供有品质的房地产经纪服务。美国经纪人从业年限超过 2 年的比例是 89%，超过 14 年的比例约 40%。中国房地产经纪人从业年限超过 2 年的比例约 20%，超过 5 年的比例只有 5%。

【例 4-3】经纪人是服务供应链的中心环节，经纪人的实践经验丰富性和业务成熟度是决定消费者体验的关键因素。从业时长是实践经验丰富性和业务成熟度最直观的衡量指标。我国经纪人的平均从业时长为（　　　　）。

　　A. 小于一年　　　B. 一年至两年　　　C. 两年至三年　　　D. 三年以上

【解】目前在中国经纪人的平均从业时长为 8 个月。因此，本题答案为 A。

二是，经纪人流失率高。经纪人流失率，是指统计周期内流失经纪人与统计周期内经纪人总数的比率。计算公式通常为：经纪人流失率 = 统计周期经纪人流失人数 /（期初经纪人人数 + 本期增加经纪人人数）× 100%。

房地产经纪行业为了激励经纪人更加勤奋更加努力工作，普遍采用高提成低底薪的方式。因此，房地产经纪行业天然具有流动性。参考市场经济发达国家的情况，房地产经纪行业合理月度流失率为 2%~5%。2019 年中国经纪行业的平均流失率超过10%，这是非常不正常的。它说明经纪人是没有安全感的。没有安全感的经纪人不可能服务好卖房的业主和购房的客户。2016~2019 年北京链家的月度流失率已经低于 5%，代表北京链家在经纪人流失率方面是比较健康的。

三是，经纪人受教育水平低。经纪人受教育水平，通常用超过某个学历的经纪人数量与经纪人总数量的比例来衡量。例如，超过专科的比例、超过本科的比例等。经纪人应具备强大的专业能力和学习能力，因此经纪人的理想学历应达到本科学历。根据贝壳统计，2019 年全行业经纪人本科及以上占比约 15%，专科学历及以上占比约 55%。

四是，经纪人收入水平低且方差大。以北京为例，房地产经纪人平均年收入约10.5 万元，相当于北京市平均收入水平的 0.8 倍。与全国其他城市相比，北京几乎是最高的。与同业比，日本三井不动产的这一比率是 2.5 倍，信义是 1.6 倍，美国几大品牌，最低的也超过 1 倍，最高的是 RE/max，达到 2.6 倍。由于频繁的政策调控，加之房地产市场自身的周期性，存量房市场的波动性极强。以北京为例，高峰时期，月度交易量超过3万套，低谷时期，不足5000套，市场不是急剧升温，就是快速冻结。结果就是，市场向好时，大量房地产经纪人进入；市场不好时，房地产经纪人大量流出。市场的波动带来经纪人的流动，十几年来，经纪人行业从未走出这个"周期怪圈"。经纪人收入方差大。收入最高一组，即行业头部10%高收入经纪人，在收入中的占比高达40%~50%，尾部50%低收入经纪人，在收入中的占比只有10%左右。低收入经纪人的收入增速明显低于高收入经纪人。市场上行时期，高收入经纪人收入增长更快速；市场下行时期，低收入经纪人收入下降更多，这种明显的反差使得两者之间的收入不可能实现真正的收敛。

总体上讲，收入总体水平低、高度不稳定、收入方差大、增速分化是四大特征，在这种情况下，经纪人不可能赢，行业不可能赢，消费者也不可能赢，这是传统经纪行业的"三输格局"。

【例4-4】目前房地产经纪行业的现状如果继续维持下去，经纪人不可能赢，行业不可能赢，消费者也不可能赢，这是传统房地产经纪行业的"三输格局"。那么，目前房地产经纪行业的现状有（　　　　）。

　　A. 经纪人平均从业年限短　　　　B. 经纪人流失率高

　　C. 经纪人受教育水平低　　　　　D. 经纪人收入水平低且方差小

【解】经纪行业的现状有哪些？一是，经纪人平均从业年限短。二是，经纪人流失率高。三是，经纪人受教育水平低。四是，经纪人收入水平低且方差大。因此，本题的答案为ABC。

二、房地产经纪行业存在的问题

一是，部分经纪人和经纪机构扰乱房地产市场秩序。

发布虚假广告，通过互联网等渠道发布虚假房源信息。采取虚构低价房源等手段诱骗客户访问，以达到收集客源信息的目的，业内称为"吸户"。房地产市场充斥大量虚假房源信息，增加了消费者信息搜寻成本，侵害了消费者合法权益。据大数据公司统计，互联网上反映的房地产经纪行业最突出的问题就是发布虚假房源信息问题。捏造散布不实信息，错误解读有关房地产政策，误导市场预期。为了吸引消费者购房，房地产经纪人员通过微博微信等自媒体渠道散布房价上涨、调控放松、信贷调整、税收变化等不实信息，或者在接待客户时，故意错误解读房地产市场调控政策，制造市场紧张气氛，放大了供需紧张的状况，诱导购房人入市。

二是，部分经纪人侵害消费者合法权益。

（1）未对房源尽到审慎核验义务。主要包括：未在接受委托后对委托出售房屋进行产权核验、实地查看；将有抵押、查封等限制交易情况的房屋对外出售；未核实附属于房屋的学位、户口等情况，导致后续交易纠纷；未在交验房屋前对设施设备、家具家电、公共维修基金、物业管理费、水电气热等费用结清情况进行核实等。

（2）故意隐瞒房屋瑕疵。房屋瑕疵包括两大类：一是房屋原本有的难以改变的瑕疵，如房屋附近工厂的污染、朝向带来的采光不足等；二是房屋使用过程中因陈旧、损坏没有修复的瑕疵。房地产经纪人员为了促成这类房屋的交易，往往采取回避、遮掩的方式进行隐瞒，不向消费者披露或者告知已知的房屋瑕疵。

（3）虚假承诺。为了达成交易、收取佣金，个别房地产经纪人员在面对消费者提出的交易条件和具体问题时，往往信口开河，胡乱承诺，如承诺贷款金额和放款时限、户口迁出和租赁终止，有的甚至承诺高于市场价售出。虚假承诺的共同之处在于均属口头承诺，没有书面文字留存，导致消费者维权困难。

（4）规避应尽的责任义务。主要表现为加重消费者责任和义务，取消、减轻经纪机构及其人员责任。目前，消费者投诉较为集中的有：把房屋状况信息的提供义务全部加给售房人，回避房地产经纪机构及其人员应当核实房屋状况的义务；明确佣金交纳的具体时间，而不写明交易关键环节的最后时限和服务内容等；泄露、转卖客户信息。房地产经纪行业处于房地产业价值链的前端，向后延伸有装饰装修、家政服务、房屋出租、再融资等多个下游产业。房地产交易行为的环节较多，需要多种专业领域的专业机构参与其中，如银行信贷部门、贷款担保机构、房地产估价机构等。个别房地产经纪人员受利益诱惑，把交易客户信息泄露给下游业务方或相关服务企业谋取非法利益。

（5）打骚扰电话、发骚扰短信、张贴小广告等。为了最大限度地获取房源和客源信息，一些经纪人员违法购买个人信息，通过群发短信、打骚扰电话、张贴和散发小广告、路边摆牌和揽客等方式违法违规开展业务，推销房源。

上述行为，一方面侵害了消费者的个人隐私，干扰广大人民群众的正常生产生活；另一方面扰乱房地产经纪市场的正常秩序，破坏了公平竞争的市场环境。

三是，行业无序竞争严重。

规模优先，忽视服务品质。房地产经纪盈利的关键是"撮合成交"，撮合成败往往取决于房源客源数量的多少。房源客源大量来自于经纪门店和经纪人员。在没有进入门槛和行业准入制度的情况下，经纪机构为了获得规模优势，采取人海战术，竞相开店招人。这一机制，导致房地产经纪机构之间的竞争内容不是比服务，而是拼规模；

不是比管理，而是拼资源；破坏竞争对手交易，造成行业恶性竞争。房地产经纪行业是谁促成交易谁收取佣金，加上诚信度差，缺乏必要的执业准则和职业道德，同行之间抢房源客源、切户、切单、揽单盛行，与房地产经纪有关的各方几乎互不信任，客户对经纪人员不信任，经纪人员也时时提防客户跳单；经纪机构对经纪人员不信任，各种措施防范经纪人员飞单；经纪同行之间也不信任、不合作，严防死守自己的房源客源被对手挖抢。这种恶性竞争，也直接造成交易成本增加。

第三节　房地产经纪行业底层逻辑

一、客户至上

房地产经纪行业像一个"搏杀的丛林"，消费者和房地产经纪人互不信任。如果不做根本性改变，房地产经纪行业便不能有可持续发展。构建品质正循环是行业存在和发展的基础。而消费者的激励，是品质正循环的源泉。

房地产经纪行业必须从"成交为王"进化为"客户至上"。片面的"成交为王"是打着满足客户利益的幌子，实现企业获利的目的。

消费者需要真实准确丰富及时的物件信息，需要专业诚实努力友善的房地产经纪人，需要可体验、可评价、可衡量的服务标准。满足这三个条件的成交才能说是"客户至上"。

因此，房地产经纪人在确定可以交易的房屋、可以允诺的交易条件之前，更需要披露不能交易的房屋、不能承诺的交易条件以及交易中的风险。

【例4-5】房地产经纪行业像一个"搏杀的丛林"，消费者和经纪人互不信任，因此房地产经纪行业必须从成交为王进化为客户至上。那么客户至上应满足的条件有（　　）。

　　A.真实准确丰富及时的物件信息　　B.拥有丰富从业经验的门店管理者

　　C.专业诚实努力友善的房地产经纪人 D.可体验、可评价、可衡量的服务标准

【解】消费者需要真实准确丰富及时的物件信息，需要专业诚实努力友善的房地产经纪人，需要可体验、可评价、可衡量的服务标准。满足这三个条件的成交才能说是"客户至上"。因此，本题答案为ACD。

任何正确的事做起来都不太容易，包括真房源在内的各种服务承诺。尤其当消费者不信时，就更难做，甚至会流失客户。这时，要度过无回报期，需要两种力量。一是相信的力量，坚信品质正循环的努力方向是正确的，坚持做下去客户一定会回来；二是激励的力量。经纪人做了正确的事情就会得到客户的激励，客户的激励可以促进经纪人更深根植于行业，保持更好的职业操守，努力提升自我专业素养，并为消费者提供更好的服务，从而形成正循环。

【例4-6】在房地产经纪行业，推行真房源承诺等正确的事做起来都不容易，尤其当消费者不相信时，就更难做，甚至会流失客户。这时，要平稳度过无回报期，需要两种力量。这两种力量分别是（　　　）。

　　A. 相信的力量　　B. 服从的力量　　　C. 赋能的力量　　　D. 激励的力量

【解】任何正确的事做起来都不太容易，包括真房源在内的各种服务承诺。尤其当消费者不信时，就更难做，甚至会流失客户。这时，要度过无回报期，需要两种力量。一是相信的力量；二是激励的力量。因此，本题答案为AD。

二、经纪人是核心资产

中国以及美国、日本等很多国家，都把房地产经纪人认定为专业人士，设定了职业资格考试。从这个角度来说，房地产经纪公司类似律师事务所、注册会计师事务所。律师、注册会计师事务所对外提供服务的核心是律师和注册会计师，房地产经纪公司对外提供服务的核心是房地产经纪人。

链家经过近20年的发展，得出的深刻认知是：①服务业最具价值的资产是服务者；②服务者的品质决定了服务的品质；③高品质的服务者是推动行业正循环的根本。链家对高品质房地产经纪人的特征描述是：高学历（统招本科及以上）、高专业性（搏学成绩70分以上、从业年限2年以上）、高职业素养（客户至上、诚实可信、合作共赢、拼搏进取）和高社区参与度（城市补给站、社区共建队、便民服务队和爱心公益队）。

考察一家房地产经纪公司的服务品质，就是要看其培养和约束房地产经纪人的能力，即这家房地产经纪公司有没有完善的培训制度、考试制度和约束制度。如果没有的话，这家公司对房地产经纪人专业能力的要求不会高。如果有培训的话，还可以看这家公司的培训课件，是类似"销售三十六计"这种"花招"比较多，还是讲专业知识比较多，前者反映的价值观是"以成交为王"，后者反映的价值观是"客户至上"。

近两年，全行业招聘越来越难，很多"90、95后"进入职场，愿意做外卖骑手、快递员，却不想做房地产经纪人。这个行业的专业门槛更高、成长性更好，还有不错的收入，为什么招不来、留不住人？其根本原因是全行业还没有把房地产经纪人当成核心资产。

因此，在保护消费者合法权益的前提下，房地产经纪人是有权力选择最尊严的方式执业，有权力不被窃取在一个服务中所付出的努力，有权力选择最符合自身的工作时间。

【例4-7】房地产经纪行业的专业门槛高、成长性好，还有不错的潜在收入，但是近两年全行业招聘经纪人越来越难，很多1990年以后出生的年轻人不想做房地产经纪人。出现上述现象的根本原因是（　　　）。

A. 全行业还没有把经纪人当成核心资产

B. 全行业还没有树立客户至上的理念

C. 全行业还没有形成经纪人相互合作的机制

D. 全行业还没有实现科学管理

【解】近两年，全行业招聘越来越难，很多"90、95后"进入职场，愿意做外卖骑手、快递员，却不想做房地产经纪人。这个行业的专业门槛更高、成长性更好，还有不错的收入，为什么招不来、留不住人？其根本原因是全行业还没有把房地产经纪人当成核心资产。因此，本题答案为A。

三、平凡人的合作

合作是新经纪品牌的信仰。合作不是成功的唯一路径，只是新经纪品牌相信的路径。很长时间以来，房地产经纪人大多缺乏人脉网络，需要互相帮助。房地产交易具有典型的多边网络效应，符合典型的多边角色的协同服务增效模型，交易服务中每一个环节的数据电子化并有规则有效率的分享，都会极大提升整体服务效率。

因此，合作的基础是科学严谨的规则之上的私权的确权与保护。新经纪品牌鼓励利他，但首先要保护对客户做出贡献的人的利益。

新经纪品牌建立平台的价值就是保护每一个正向行为的权益，平台建立的基础是一笔交易中每一个角色（边）的高效合作，这种合作是跨越品牌、跨越门店组织边界的。同时，房地产经纪行业的复杂性，要求除了经纪人群体之外，还需要和产业链的其他岗位（例如交易管家、公积金贷款专员、产权专员等）共同参与来服务消费者。

我们确信，经纪人合作网络（ACN，Agent Cooperation Network）的基础是整体最优大于个体最优。长期来看，个体最优和整体最优是高度吻合的。我们需要保护私权的伸张，私权伸张的基础是平台的规则。协作依赖信任，信任依赖规则和承诺。这里更多的是有一批愿意寻找到拥有共同价值观的伙伴、并相信一起合作才能赢的平凡人。

我们鼓励培养人才，也鼓励人才跨组织的流动，鼓励人才不断追逐更大的事业。平台的机制是让培养与输出人才的人得到合理回报。

四、科学管理

科学管理，是行业提升效率的重要手段，提升效率就是数据化的过程。房地产交易，尤其是二手房交易，是一个供需双方的交易意愿和交易条件都不确定的、C2C 的居间服务，交易难度大，商机不确定性高，商机的转化效率低。越是这样的行业，提升效率水平越是重要。提升效率的手段，就是科学管理。科学管理就是用数据而非感觉说话，就是将服务全流程数据化和线上化，构建人、物、服务的标准，并针对薄弱环节持续改善和优化。

科学管理就是我们承认，任何一个效率水平的提升都不是突变而是渐变，我们信奉日拱一卒、功不唐捐，耐心和坚持是我们最好的工具。科学管理最终是以满足消费者利益和服务好经纪人为基础的。

五、中性的市场观

长期稳定发展的房地产市场是符合消费者、符合政府管理和符合行业根本利益的，所以我们秉持中性的市场观。

从长期来看，市场的交易量和城市人口成正比。未来，中国每年的房地产交易量将达到 1500 万套，而且二手房交易占比会进一步提升，这些都是确定的。行业的长期利益建立在交易量和价格的平稳而非波动，越平稳交易越可持续，经纪人价值越得到彰显。

事实上，任何高速增长的市场本身就埋藏着下行的风险，持续下行的市场中，本身也孕育着复苏的机会。职业经纪人是追涨杀跌的反作用力，职业经纪人应该不跟风、不忽悠、不炒作，客观、多维度、理性地评价市场，为消费者作出专业建议。在市场旺盛的时候，要看到下行的隐忧；在市场低迷的时候，要看到复苏的希望。

六、信用与尊严

口碑提升，每位从业者都受益。信用与尊严，是经纪人群体的职业追求。

房地产经纪行业本质上是信用联盟，行业口碑提升则每一位从业者都将受益，行业口碑降低则每一位从业者会受损。每一位经纪人都应该自觉做到努力为行业信用增值，绝不恶意诋毁同业。

在行业多年，新经纪品牌一直非常痛恨两件事，第一是经纪人欺骗消费者，很多经纪人靠制造消费者紧张氛围促成交易，但事实也证明，所有勇于把交易中的问题、风险告知给消费者的经纪人都成功了。每一个资产都有它的价值，我们应该客观、公正地评估，并传达给消费者。

新经纪品牌痛恨的另一件事是消费者不尊重经纪人。因为在房地产经纪行业发展初期，欺诈行为时而发生，经纪人专业能力低，在社会上形成一种"黑中介"氛围，在这种情形下，消费者多数不尊重经纪人。

在链家的一次管理者晋升活动上，一个店长提到，"客户到门店里闹，我很好地处理了"，链家董事长左晖问他怎么处理的？他说，"我给客户跪下了"，换来的评价是，"这个店长挺实在。"当时左晖就在想，如果我们无法赢得职业尊严，这项事业就没有意义。

经纪人的尊严是靠我们自己争取的，争取的最佳方式是让自己配得上被尊重，配得上的基本标准就是不骗人、言之有据。我们打造的贝壳分体系，体现的是经纪人信用情况和某一类经纪人合集（门店或品牌）的信用情况，是消费者选择经纪人的基本参考，也是经纪人选择合作经纪人的基本参考。

信用是长期收益，信用是通过放弃不当的短期收益换来的。有信用的人，在网络中得到最大的长期收益，信用差的人将会寸步难行。经纪人和消费者人格上是平等的，既不应该有任何经纪人对消费者不尊重的表现，也不应该允许消费者对经纪人有任何不尊重的表现。行业应该远离不靠谱的"鸡汤"和令人厌倦的"鸡血"，同时也不应该晒痛苦、博同情，一个正常化的服务者就足够体面并值得尊重。职业经纪人要随时保持良好的职业形象，及公共场所的公共道德，应做到有礼貌、随手带走垃圾、遵守交通规则。保护经纪人的职业尊严，是行业所有从业者不可推卸的责任。

七、社区友好

房地产经纪人的价值来自于社区黏性，社区黏性来自于信任的建立，信任是由长期服务、热情友善、专业操守、适当投入带来的。

我们从事的是社区服务行业，一个社区友好的形象有助于我们的事业。经纪人及门店是社区服务体系的重要组成部分，应该是社区里最积极、最热心、最友好的成员。经纪人的价值来自于在社区居民中的口碑，这种口碑带来了信任。

除了标准的不动产服务之外，我们应该利用我们的场所及人力提供力所能及的社区服务，即便是投入一定的成本。我们应该是社区公约的遵守者和践行者，成为社区居民的好邻居。

我们扎根在社区里，天然做的就是社区的生意，而社区又是一个人最主要的生活圈子。我们经常讲要"读懂商圈、读懂盘"，这里指的不仅仅是要懂这个社区的物理属性，真的要读懂这一个社区，核心是懂社区里的人，懂社区里的生活氛围。经纪人作为社区商业、社区活动的一份子，要能够真正融入社区。

想成为社区专家型的经纪人，需要爱护所在的社区，让社区更美好。最好的情况是，大家觉得这个社区有你，或是有你这家店挺好的，不只是买卖房子，有什么别的事情你还可以帮上忙；中间状态则是有没有你无所谓，反正需要买房时候我去找你、不需要买房的时候你也不需要有什么存在感；最差的状态，就是最好没有你，买卖房子也不去找你。

八、拼搏进取

新经纪品牌需要很强的目标感，一方面是获得经济收入，但最主要的是，满足客户的交易需求。完成交易离不开不放弃的拼搏精神。

拼搏就是围绕目标穷尽手段，但不能不择手段，就是明确地知道，什么事情是绝对不会做的。

进取则是不满足于现状、持续提升。例如持续加强学习、持续改进业务能力等。房地产经纪行业是一个"看长"的行业，房地产经纪人不能只看眼前利益而牺牲长久利益。这个行业对那些有底线又专业的人来说，的确是做得越久越"吃香"。

此外，不仅仅是专业知识的学习，也包括对新技术应用的学习与掌握。科技、互联网在这个行业解决了两个问题：一是给客户更好的服务体验；二是帮助经纪人提高服务效率。

客户也需要一个目标感强、业务能力强、勤奋的房地产经纪人。只是一味"佛系"的话，可能也无法解决客户遇到的现实问题。

对于新经纪品牌，房地产经纪人的成功有一个方程式：成功的经纪人 =（价值观 + 专业 + 合作）× 时间。

第四节 互联网对房地产经纪行业的影响

一、客源端平台和房源端平台

按 2014 年诺贝尔经济学奖获得者让·梯若尔的定义，平台是"将两个或两个以上的参与者集合（通过资源配置效率提升）且使其受益的双边或多边市场"。平台通过双边或多变网络的搭建、工具和服务的提供、规则和标准的制定，促进多方消费者和生产者的匹配、交流、并达成交易，从促成交易中获取服务收入。电商行业的亚马逊、阿里巴巴，内容行业的 Facebook、抖音，出行行业的 Uber、滴滴，外卖行业的美团，都属于平台型企业。

具体到房产经纪行业，存量房交易行业曾出现过两类平台：客源端平台和房源端平台。具体而言，客源端平台基于对消费者（业主、购房者等用户）的连接与积累，连接经纪人和消费者，其核心是保证消费者 / 用户体验，形成黏性，最终实现用户分发，吸引经纪人付费。房源端平台的基础是对房源的连接与积累，连接的是经纪人和经纪人，其本质依赖于房源信息及经纪人的合作规则。

房地产门户网站是客源端平台的代表。英国的 RMV 和澳大利亚的 REA 都属于此类。客源平台的出现依赖于互联网，实现了信息的快速且免费的传输，及用户之间的连接。客源端平台出现的前提条件有：①通过互联网内容及服务吸引客源，形成规模效应；②经纪机构独立获客能力差；③广告行业的监管，保证信息真实。

美国的 MLS 是房源端平台的代表。在行业极度分散的情况下，MLS 汇集了大量的房源信息；凭借极其强大的行业组织力量，对经纪人的行为进行强制的约束和控制，设定严格的规则，并且基于行业组织强大的力量，保证规则的施行。

房源端平台需要满足的条件包括：①线下公司极度分散（美国构建 MLS 的时候，线下公司最大的不超过 300 人）；②中立的第三方平台对房源信息拥有极强的连接与管理；③平台对于经纪人的行为有较强的约束能力。

在 2018 年之前，我国在房产经纪行业里，以客源端平台居多：从搜房网 / 房天下，到安居客，都基于对消费者 / 用户的连接，对经纪人进行"用户分发"。构建房源端平台的挑战在于，国内房产经纪行业缺乏信息监管、多家委托等特质，导致房源连接困难，经纪人 / 公司之间合作意愿也低。

从链家到贝壳，首先是在公司（链家）体系内，其次是在平台（贝壳）体系内，在客源端平台和房源端平台两个方向，都进行了探索。客源端平台方面，从链家网到贝壳找房 C 端 APP，进行了消费者 / 用户网络的建设；房源端平台方面，投入十余年时间搭建了全国范围的房源系统"楼盘字典"，并通过 ACN 等平台的合作运营规则执行，保障了对经纪人之间合作行为的约束。

二、互联网对房地产经纪行业的影响维度

互联网对房地产经纪行业的影响与改造，主要围绕着房、人、流程三个维度展开。

第一维度，房的互联网化。包括房源的位置信息（小区、楼栋、房间号）、房屋户型图、商圈信息，以及房源所在商圈中的交通、医疗、教育等配套信息。

第二维度，人的互联网化，包括购房者、业主和经纪人的画像信息和行为信息等。

第三维度，流程的互联网化，包括找房、看房、签约、交易等各个流程节点的数据线上化。

三、互联网对中国房地产经纪行业的影响及演变历程

（一）互联网路径的四个阶段

互联网路径分为信息化、互联网化、移动化和智能化四个阶段。

（1）信息化时代。通过系统 / 设备将线下信息进行采集、记录和存储。

（2）互联网化时代。将系统内存储的信息进行实时连接与匹配。

（3）移动化时代。基于智能手机与移动互联网技术，对更多消费场景中的互联网数据、系统数据进行连接，并应用于多个场景。

（4）智能化时代。借助大数据、物联网和人工智能等技术，将数据应用于供应链更多（服务、配送、生产等）环节，实现对产业的深入改造。这个阶段也被称为产业互联网。

（二）中国房地产经纪行业互联网化的四个阶段

基于互联网对房地产经纪行业的影响维度，可将中国房地产经纪行业互联网化划分为 4 个发展阶段，具体如下：

（1）房源系统时期。以 2001 年 ERP 系统在行业内首次应用为里程碑，标志着房源的信息化。这时期的主要特征是：本地房源内部存储，实现房源信息的局域网内共享和流通。这时期存在的问题包括：信息更新慢，信息同步慢，流通成本较高。

（2）网络广告时期：以 2003 年搜房在非典时期推出搜房帮为里程碑，标志着房源互联网化，消费者行为向线上迁移。这时期的主要特征是：房源信息广告由线下纸

媒传播发展到在互联网媒介上传播，消费者消费行为逐渐向线上迁移。这时期存在的问题包括：房源信息静态单一，虚假房源泛滥。

（3）O2O 浪潮 / 移动化时期：以链家网上线、LBS 找房 [①] 为里程碑，标志着线上线下流程一体化，消费者与经纪人行为数据被互联网工具记录，推动人、物的全面数据化。这时期的主要特征是：随着移动 APP 应用，消费者可不受约束进行随时随地找房，基于地理位置进行找房和咨询，消费者、经纪人行为数据被广泛记录。这时期存在的问题包括：对经纪人没有约束，签约及以后流程仍然以线下为主。

（4）产业数字化 / 智能化时期：以 VR 带看、贷款签约和智能客服上线为里程碑，标志行业进入签后流程线上化以及数据智能应用阶段。这时期的主要特征是：VR、AI、IOT 等综合数字技术在垂直领域的多场景应用，具备多方协作的能力。

随着互联网技术的不断演变与革新，经纪行业围绕"房、人、流程"的互联网程度不断深化，不断改造着房地产经纪行业的传统商业模式。

四、房地产经纪互联网模式及竞争力比较

（一）房地产经纪互联网商业模式分类

房地产经纪互联网商业模式分类，以中国市场情况为主，可分为五大类：广告营销模式、软件服务模式、O2O 模式、渠道模式和产业数字化交易平台模式。

1. 广告营销模式（房产信息网站）

以 2003 年搜房在非典时期推出搜房帮为里程碑，标志着中国房产信息的互联网化。2010 年 9 月，搜房网（代码：SFUN）在纽约证券交易所挂牌上市；2011 年，美国房地产信息平台 Zillow（代码：Z）在纳斯达克上市。购房者对房地产线上平台的关注度与日俱增，随着卫星地图、影像技术、智能检索等技术的不断进步，通过网络搜房、找房、咨询逐渐成为房地产交易的主要方式；经纪人也开始通过在房地产平台购买端口获取商机、提供服务、达成交易。

房地产网站通常提供综合性信息服务，包括住宅、商业、土地、海外房产在内的所有类型的房产，新房交易、二手交易和租赁业务的信息均有涉及。

从业务流程上看，用户通过登录房地产信息平台查询搜索房源，经纪人通过购买端口在平台上展示，用户经平台与经纪人建立联系，并展开交互、线下看房、协商等一系列业务动作，最终在线下达成房产交易。

---

① LBS 找房俗称地图找房。LBS 即基于位置服务（Location Based Service）。

房地产信息平台以面向经纪人或者开发商刊登房产广告的上市挂牌费（端口费）与营销费用作为主要的盈利模式。房产网站主要付费客户来自经纪人和开发商，其他方面的收入主要来自于客户导流、面向第三方的广告展位、数据产品、工具服务。

以美国 Zillow、英国 Rightmove、中国房天下（更名前为搜房）为例，70% 左右的收入来自于经纪人和开发商的挂牌和营销费用，其他来自于软件服务、第三方广告或其他业务。

2. 软件服务模式

房友软件技术有限公司成立于 2002 年，致力于房地产行业软件的研究、开发与推广，是国内首家专业的房地产中介软件供应商。房友公司先后开发出房友中介业务管理软件、房友中介薪资管理软件、房友售楼业务管理软件等高技术产品。

房地产中介的 SaaS 产品功能通常包括房源管理系统、客源管理系统、交流工具、签后管理系统、数据分析系统等；经纪机构或者散户经纪人自主购买 SaaS 服务，提供 SaaS 服务的第三方软件公司通常不介入交易，但以平台模式提供 SaaS 服务的公司一般会按照比例抽取佣金。

房地产 SaaS 企业以向经纪机构和经纪人收取服务费用作为主要的盈利模式。服务费用通常包括软件服务和培训服务，以平台模式开展 SaaS 服务的企业还会收取一定的佣金抽成。

3. O2O 模式

2015 年，传统房地产经纪机构进行大规模并购并大力发展线上网站，同时互联网平台也介入二手房交易线下业务，通过低佣金、高底薪、无门店成本以及资本支持挑战传统中介。这期间的代表企业，有从线下业务往线上拓展的链家，以及以爱屋吉屋、房天下为代表的，从线上业务往线下服务结合的互联网公司。

O2O 模式的业务模式是通过线上信息展示获客，导流至线下经纪人，并通过线下经纪人服务客户。最主要的盈利模式是在促成成交之后向用户收取佣金。

O2O 模式主要有两大派别，一派是以爱屋吉屋为代表的线上向线下迁移的互联网中介，一派是以链家为代表的线下向线上发力的房地产经纪机构。

2015 年以来，以爱屋吉屋、搜房为代表的互联网中介一方面借助资本力量通过高底薪以及高分成比例进行快速布局扩张，另一方面依托低佣金策略切入交易，从而获取传统中介机构，尤其是中小中介的市场份额。

各大经纪机构纷纷迎战，市场中的主要经纪机构如中原、链家、Q 房都陆续完成了自身的绩效改革。通过高底薪、高分佣和公司股权持有等政策改革，大幅提高一线经纪人的佣金收入，改变传统的分配结构，吸引优秀经纪人。

4. 渠道模式

2018~2019 年，房地产市场增长减缓，高周转的诉求和变慢的市场成为当下房地产开发企业面临的主要矛盾。一方面"限贷""限购"政策抬升了购房门槛，另一方面改善需求比例提升，购房者更加理性。在这样的背景下，房地产开发企业对去库存的需求逐步爆发。房地产开发企业的去库存诉求升级催生了一批新的营销模式，包括新房电商、中介渠道等。

除了传统的新房代理公司外，以一、二手联动为主要模式的房地产经纪机构和电商平台，以及从信息向交易转型的新媒体公司以不同方式参与新房的交易环节，使渠道服务渗透率上升。

传统新房电商是与房地产开发企业签订合作协议，吸引分销团队合作销售，向客户收取电商费从而盈利。而经纪渠道通过联合线下经纪门店合作销售，实现一二手联动。经纪渠道的盈利模式是通过收取渠道佣金，按照成交销售付费，一般佣金费率为 2%~3%。

5. 产业数字化交易平台模式

2018 年，贝壳找房诞生，标志着中国房地产经纪行业的产业数字化进程全面启动，一方面开始通过数字化技术对供给端进行全面改造，另一方面对经纪人进行培训教育、规范作业标准，从而提升经纪人的作业效率。贝壳找房是以人店模式为核心，通过智能科技、管理经验、ACN 规则赋能行业 B 端，向 C 端购房者、租房者提供品质服务的房产交易平台。同上述四类商业模式对比，产业数字化交易平台模式实现了线上线下的数字化闭环。

传统的房地产平台以提供信息为主要功能，而房地产交易平台除了提供信息外，还切入了经纪机构的经纪服务，通过数字化工具、职业化培训赋能经纪人，从供给端提升服务质量，提升消费端满意度。同时，业务链条向交易环节中的资金支付渗透，实现平台与客户的全方位连接，提供给用户房屋买卖、支付结算的一站式服务，盈利模式以向房产经纪机构收取平台费、培训费为主，而平台费为软件服务与广告营销等费用的一揽子收费。

（二）房地产经纪互联网模式比较

从时间上看，软件服务模式与广告营销模式出现时间较早，在 21 世纪初便随着房地产市场和互联网的发展而出现，并在此后的十余年内始终占据主导地位。行业经过十余年的发展，才于 2018 年开始步入产业互联网时代。

从盈利模式上看，广告营销模式、软件服务模式、线上平台主导的 O2O 模式和渠道模式的收入来源较为单一，而产业数字化模式承担基础设施价值，承担更多角色，收入来源更为丰富。

从业务闭环能力上看，广告营销模式、软件服务模式、线上平台主导的 O2O 模式和渠道模式等模式对 B 端的掌控力弱、监督能力弱；产业数字化模式通过交易中心后台实现对签后流程的闭环与服务的一致性的保障，保证服务效率与服务品质，充分体现了该模式的可持续性。

第五节　链家发展历史和经验

一、链家的发展历史

（一）安身立命（2001~2004 年）

2001 年 11 月 12 日，链家在北京成立，开始的业务主要是房屋租赁。2002 年 3 月开始涉足房屋置换业务。2003 年 3 月，开始代办商业贷款按揭服务。当时中国办理按揭贷款业务的人非常少。最早开展这项业务的银行是中国建设银行，代表性的支行是西四支行和东四支行。

在链家成立的前四年，"活下来"是最主要的目标。虽然面临重重的压力和竞争，但是从一开始，链家就有着与众不同的"气质"，主要表现有：①不雇佣拥有丰富从业经验的"老人"；②主动与中国建设银行合作进行交易资金监管。2003 年 7 月 4 日，链家开始和中国建设银行合作做交易资金监管，是业内第一家进行交易资金监管的房地产经纪机构；③提出"不吃差价"。这些举措在迅速增长的市场中显得"格格不入""多此一举"，在其他房地产经纪公司想办法多挣钱的时候，链家已经开始了对行业的思考，并开始"忍痛"做出一些取舍。这些从消费者角度考虑的措施，在鱼龙混杂的市场中为链家迅速树立了品牌形象。

2003 年 10 月 1 日起，央产房开始上市，当时政府指定了三家房地产经纪公司来代理央产房，链家有幸成为第一批央产房指定代理机构。在当时的北京，买卖主体是已购公有住房，大概占 70%。

2004 年 10 月，链家推出"透明交易、签三方约、不吃差价"阳光交易模式。在 2004 年以前，房地产经纪行业普遍存在吃差价的行为，总体收入的 60% 是来自于差价的收入。到了 2004 年，链家意识到这件事情存在很大的问题，但是要去改变还是需要下很大决心；推出阳光交易模式后，公司做买卖业务的房地产经纪人，在三个月之内基本全都离职了。

（二）逆势扩张（2005~2007 年）

活下来了就要发展，2005 年链家开始战略性扩张。2005 年 5 月，国家第一次对房地产市场进行宏观调控，市场交易量下降 40%，但链家的交易量上涨 2%。市场下行的同时竞争减少，就这样到 2005 年底，门店数达到 110 家。2006 年国家对房地产市场的宏观调控进一步升级，但这时候链家门店数达到了 300 家。至 2006 年 10 月，链家在北京市的门店数量超过中大恒基，排名第一。

链家用 6 年的时间，其房地产经纪门店数量成为北京市场第一名，并初步获得消费者的认可，其经验可以总结为四点。

第一，坚持不吃差价。在众多行业竞争对手中，链家凭借自身的坚持，最终赢得了市场认可，2005~2006 年，链家的交易量快速增长，以致在 2007 年其他房地产经纪公司纷纷效仿不吃差价的经营模式。

第二，加强人才梯队的建设。公司从成立之初就对人员的筛选坚持一定的原则：坚持不用有行业背景的人，在经纪行业乱象丛生的情况下，有背景的人难以磨灭对"吃差价"的坚持，也不愿意承受不吃差价带来的短期损失。与此同时，公司给经纪人非常大的发展平台，很多经验匮乏，但是有能力、肯吃苦、价值观趋同的经纪人在短期内得到了提拔。

第三，推行刚性管理。设定了所有人不能碰触的红线，很多人在这一过程中被淘汰，但是保障了公司经纪人团队的纯洁性。此后 2007 年颁布了链家基本规则，初步设定了红黄线制度，实现了管理事物的统一标准，为公司进行刚性管理奠定了基础。

第四，适应市场发展趋势。虽然政府在 2005~2006 年对房地产市场进行了宏观调控，但是链家的店面在 2005~2006 年快速增长，这种现象看起来并不符合行业规律，但实际上这种做法是在适应市场的需求，因为当时的存量房交易量是逐步增长的，同时竞争对手是相对保守的。链家正是适应了市场这一趋势，才取得了快速发展。

（三）体系再造（2008~2011 年）

1. 建立楼盘字典

2005~2007 年，市场交易量迅速提升，经纪人长距离带看的情况减少，活动范围被固定在一片区域内。在社区附近出现大量门店，"守房找客"成为行业普遍认可的商业模式。当时一个店的在售房源都记在一个房源大本上，由助理保管，经纪人查完房子再把信息记在自己的小本子上方便客户介绍。但是行业内没有人知道北京到底有多少套房。

在 2007 年底，链家开始着手开发楼盘字典项目。虽然在建设过程中，部分人曾经公开质疑楼盘字典的价值，但是左晖当时坚定支持楼盘字典建设，他认定"房源大本"早晚要被系统替代，甚至在中层管理大会上向所有人表达了自己的决心："2009 年如果链家只做一件事，那就做楼盘字典"。到了 2009 年底，楼盘字典已经记录了 7300 个楼盘，410 万套房屋的结构数据。

2014 年楼盘字典开始全国"跑盘计划"，组织了一个 500 人的兼职团队，采集了 30 个城市的 7000 万套房屋数据，并将系统内数据的重复率降到了 1% 以下。同年，标准户型图工程启动，楼盘字典在全国组建了一个 1000 人的摄影师团队，通过实地拍摄测量，绘制成标准户型图，将信息的颗粒度从房缩小到了房间。2016 年楼盘字典描述一套房屋的属性字段已经达到 300 个。截至 2018 年 9 月，楼盘字典覆盖的房屋数量达到 12800 万套，数据存储体量达到 1200T，房屋描述维度达到 433 个，累计投资金额超过 6 亿元。

2. 管理更新迭代

2008 年 8 月，全国业内最大中央机房建成，内部销售系统 HERP 正式上线。HERP 系统解决了行业最基本的"信息共享"的需求。帮助企业实现业务管理的快速复制，实现企业规模的快速扩张。

2008 年与 IBM 合作，推进市占率管理，将北京楼盘按 25 宫格分类，设置每个阶段的管理指标，并分解到每个区域，将市占率进行拆解。

2008 年公司意识到做大做强，核心资源是房地产经纪人，因此必须提高房地产经纪人的从业素质和能力。强调招聘入口：学历将统招分为 A 类、B 类、C 类。强调培训：加强人员的培训，成立培训学院，提供系统化的培训。

2009 年 6 月，链家与 IBM 正式签署战略合作协议。同年，启动开发新业务系统 SE（Sales Effectiveness）。在 IBM 技术顾问的帮助下，链家系统性地梳理了存量房交易业务流程，将所有环节中涉及的行为和规则一一确定，开发了新的业务系统 SE。SE 是基于业务流程而建立，不同于之前的系统是基于各个业务模块建立。该系统管理的目的是要消除经纪人之间的差异，对经纪人作业流程量化管理，实现链家独有的管理逻辑，如人、盘、角色的关系。

2010 年 10 月，链家在线上线（也就是后来的链家网）。2011 年 11 月，为切实提高房地产经纪人的专业能力，被誉为"经纪人高考"的搏学考试正式诞生。搏学的第一批考生包括店面经理、区域经理和总监等 3 个层级，但成绩并不理想。随后两个月又组织了两次。之后,很多总监主动把考题让经纪人去考。2012 年,博学考试向全体房地产经纪人推广。

(四)品质重塑(2012~2014 年)

2012 年是链家"IT 大爆发"的一年。这一年,出现了很多 Home 系列和 i 系列产品。一张房源纸、Homestudy、Ibox、Homebook 等工具陆续上线。

2012 年 3 月,链家开始全渠道做真房源。一开始做真房源,大多数消费者并不相信。房地产经纪人对此也有顾虑,不上户、房源少、价格高。但是左晖坚信"正确的事情坚持做 100 天就可以"。半年后,市场占有率回到原来的水平。

2012 年 6 月,红黄线管理制度颁布。为了保证房地产经纪人的行为规范,公司推出严格的红黄线制度。触犯红线予以辞退处理,且永不录用。触犯黄线则记过,留岗查看一年,留岗查看期间不得晋升。

2012 年推出 WI 管理。基于对经纪人的观察,以及"大数法则"的经验总结,链家把对业绩、开单影响的活动量进行了拆解,将相关性最强的关键指标叫作有效行程量,建成"WI(Workload Index)"。WI 的推行使得链家的管理向精益化迈进了一大步,让经纪人的行为可视化可量化,也大大促进了经纪人的自我管理。

2013 年 11 月 19 日发布"四大安心服务承诺"。承诺如果消费者买到房屋内发生过自杀、他杀事件的"凶宅",链家会将佣金全额退还给购房人,最高将会按原价对房屋作回购处理;如果存在电磁辐射超标且链家未披露的,将会做最高原价回购的处理;如果链家没有帮客户识别出业主在签约前有查封的,为了避免耽误客户继续购房,链家承诺客户的损失将由链家先行垫付,再由双方向业主追讨;如果链家工作不到位导致客户享受物业服务受限制,链家将会对欠费做先行垫付处理。

2014 年 11 月 1 日,链家在线(www.homelink.com.cn)更名为链家网(www.lianjia.com)。

(五)战略转型(2015~2017 年)

2015 年 1 月 1 日链家推出新的绩效管理规定。自 2015 年 1 月 1 日起,按实收佣金的 84.96% 计算运营业绩,然后按照各个角色的业绩分配比例进行分配。2015 年开始,北京链家将平均一个二手买卖单上参与分业绩的经纪人数量称之为单边比。单边比推行的意义:①客户服务品质更高,多人服务下,响应客户需求更快、更专业;②加速经纪人成长,受限于二手房行业"长周期 + 非标准化"的特征,过去经纪人获取业务经验需要非常长的时间;单边比提升后,更多的经纪人通过客源合作人参与一单的成交,在参与中学习、在实践中成长;③降低流失率,更多的新人参与成交,不仅获取了业务经验，也获得了业绩，使新人保留得到了一定的提升。

2015年，链家启动了全国化。2月，与伊诚地产（成都、重庆）全面合并；3月，与上海德佑地产正式合并；与深圳中联地产在全国范围内全面合并；5月，合并高策机构，全面发力新房市场；6月，与杭州盛世管家合并，继续深耕华东市场；7月，与重庆大业兴合并，加码"长江经济带"房地产市场；9月，与济南房地产中介机构"孚瑞不动产"达成战略合作，深度布局环渤海经济圈房产业务；9月，宣布与大连"好旺角"达成战略合作，为大连乃至整个东北地区的消费者提供完善的交易体系和服务体系；9月，与广州满堂红达成战略合作，深度布局珠三角房产业务；10月，宣布合并烟台元盛，进一步巩固公司环渤海区域房产服务的领先优势；2016年7月，进驻合肥。至此，链家已经进驻全国28个城市。2017年9月，链家进入郑州，开启加盟模式。

2015年6月30日，链家地产正式更名为"链家"，并启用全新logo "LIANJIA.链家"，致力于打造一个国内领先的万亿级房产O2O平台。

（六）启动平台（2018年~现在）

2018年4月23日，贝壳找房（www.ke.com）的成立标志着链家与贝壳这一复杂结合体的诞生，也标志着链家开始深入产业互联网腹地，对房地产经纪行业的标准化、线上化改造，以及数据化、智能化升级全面开启。

2019年，从连接到联结，全面提升行业人店效率，撬动服务者价值，撬动店东职业化。2020年8月13日，贝壳找房登陆美国纽交所，成功挂牌上市，成为中国居住服务第一股。

二、链家的经验

（一）对客户好

客户至上、诚实可信是链家核心价值观最重要的两点，这两点核心都是为客户好。不吃差价、真房源都是在筑牢诚实可信。不吃差价让链家在竞争激烈的经纪行业站稳脚跟，真房源让链家区别于"非链家"，实现了品牌差异化。针对客户服务，链家对经纪人的要求是"己所不欲，勿施于人"，从消费者的立场出发，了解客户的痛点和担忧，链家推出了四大承诺、真房源五重保障。通过承诺、赔偿的方式，承担消费者交易过程中的种种潜在风险。

（二）经纪人职业化建设

经纪人作为与客户接触的主体，其基本素质、专业水平直接影响客户的体验。因此职业化建设的最终目的，还是为了提升服务水平，实现对客户好的初衷。

如何让经纪人留下，让经纪人将其视为事业，而不是个"饭碗"？有成长，能学到东西。经纪行业的管理非常复杂，经纪人有机会从中学到管理的学问。有发展，有职业前景的提升。链家和行业都在不断地发展中，经纪人有机会通过这个职业获得管理地位和薪资上的回报。

　　职业化一方面要求经纪人的专业程度，另一方面要求经纪人将其视为一份长期的工作。职业化建设有利于提升经纪人的服务水平，对社区的了解程度，从而提升客户体验；职业化建设有利于留住经纪人，从业时间越久的经纪人违约成本越高，越不容易欺骗消费者。

　　严格的职业规范应当从人、物、服务三个方面看。物：一是发布真实的信息，做到不骗人；二是在委托环节要规范。人：一是职业的准入；二是行业专业的训练。服务：首先是安全；其次需要有专业的分工和一体化的服务；最后需要有稳定的竞优机制和稳定的预期。

　　职位上的晋升并非职业发展唯一通道；扎根社区，做房源端社区经纪人也是发展方向。如果能够对盘非常熟悉，对房屋、交易历史、户型、居住细节等描述得非常清楚，并且有很好的口碑，将获得社区的认可。获得社区认可后，将大大加强与业主的黏性，从而有助于提升业务。

　　链家对经纪人的学历有要求。这是因为，在自我身上的投入越多，违约成本也就越高；高学历者的学习能力、对组织安排的服从性普遍要高于低学历者，链家提倡团队协作，经历过组织生活的人，在这方面有一定的基础。

　　（三）文化价值观建设

　　链家的管理能力是建立在统一的语言和管理逻辑下的。价值观就是一种选择，碰到一些事情的时候怎么办，怎么选择，这背后是你信什么。只有统一了人心和思想，才能朝着同一个目标坚定不移地努力。

　　链家的文化内涵有五个方面：①如何看待消费者，平台未来的方向就是对用户赋权，什么事都交给客户选择；②如何看待经纪人，经纪人更需要提升的是房产服务方面的专业能力和价值；③如何看待团队，团队主要就是合作，要互相帮忙，团队不欢迎不愿意帮助别人的经纪人；④上下级关系，要脚踏实地、要务实，整个团队要形成唯下不唯上的氛围；⑤要正直，不该要的不要，不切户，一手业务不给回扣，经纪人不求人，也不允许别人欺负。

　　（四）合作的力量

　　链家在过去行业里能够突出重围的原因，就是把个体通过房源共享、流程切分等，将很小的力量团结在一起，形成强大的战斗力。ACN 帮助链家实现扩张。为什么很多城市市场占有率到 10% 以后就无法再上升了，因为内部的竞争已经开始了，但是如果团结，组织就可以吸引越来越多外面的人。链家 15 万经纪人的管理就是通过 ACN 技术，当聚合的力量比散的力量大的时候，就可以扩大规模、提高品质。

ACN 是使这个行业效率得以提高、用户体验得以提升、经纪人价值得以发挥的关键因素。多个角色参与其中，相互关系就会呈指数级上升，这件事如果没有线上工具，基本上做不了分割，线上工具帮助界定好每个经纪人的贡献。只有把角色界定好，每个人都清楚我干什么事，拿什么钱，这件事就不会有冲突。

所有分佣机制、客源管理等有非常多的程序要定义，通过系统把它固化，这是运营 ACN 的一个难点。ACN 通过楼盘字典这一基础设施保证内部信息的真实性，把组织角色各方之间复杂的关系进行定义并且固化到 SaaS 中去，保证体系内部经纪人在一笔交易中，他的角色是被信任、被锁定、被保障的。

第五章

房地产市场与金融

为做好房地产经纪服务，经纪人应熟悉房地产市场的运行机制、房地产市场变化趋势和房地产金融业务，并能为客户分析房地产市场以及提供专业咨询服务。本章主要介绍房地产市场运行机制、房地产市场周期和房地产金融等有关知识。

第一节　房地产市场运行机制

一、房地产市场的含义

房地产市场，是指交易商品是房地产的市场。房地产交易包括买卖、租赁等。据第七次全国人口普查统计，目前中国9亿多城镇人口，按照一人一间、每套住宅2间计算，中国需要住宅4.5亿套，市场空间十分广阔。

房地产市场的要素是指构成房地产市场的必要因素，主要有3个：①市场主体，即房地产供给者（房地产出售人或出租人）和需求者（房地产购买人或承租人）；②市场客体，即供交易的房地产商品和服务；③交易条件，即符合交易双方利益要求的交易价格、付款方式、资金交割时点、房屋交割时点等。只有同时具备上述三个要素，实际的房地产交易才可能发生，房地产市场才能形成。

对于新建商品房市场，若房地产开发企业和新建商品房项目数量较多，则这样的市场属于垄断竞争市场。若房地产开发企业和新建商品房项目数量较少，则这样的市场属于寡头垄断市场。

对于二手房市场，因为有众多的业主供应，且买卖双方主要是分散的个人，竞争性较强，因此这样的市场属于垄断竞争市场，并且竞争多于垄断。

二、房地产市场的分类

（一）按照房地产的流转次数分类

按房地产流转次数，房地产市场分为一级市场、二级市场、三级市场。房地产一级市场是指建设用地使用权出让市场，也称土地一级市场，即国家通过其指定的政府部门将城镇国有土地或将农村集体土地征用为国有土地后出让给使用者的市场，出让的土地，可以是生地，也可以是经过开发达到"七通一平"的熟地。房地产一级市场是由国家垄断的市场。

在土地开发中，三通一平，是指通电、通路、通水（给水）、土地平整。五通一平，是指通电、通路、通给水、通信、通排水、土地平整。七通一平，是指通电、通路、通给水、通信、通排水、热力、燃气、土地平整。

房地产二级市场是指建设用地使用权出让后的房地产开发和经营，包括建设用地使用权转让市场、新建商品房销售（包括预售）市场。

房地产三级市场是指投入使用后的房地产买卖、租赁等，包括购买的新建商品住房、已购公有住房、经济适用住房等的再次交易市场。

（二）按照增量和存量分类

按照增量和存量分来，可以分为新房市场和存量房市场。新房市场也称为增量房市场、一手房市场，包括新建商品住房市场。存量房市场，也称二手房市场，包括存量住房市场。随着房地产市场的发展成熟，会从新房市场为主转向存量房市场为主。目前，北京、上海、深圳等许多城市的存量住房成交量已经超过新建商品住房成交量。

（三）按照买卖双方对价格影响的强弱分类

按照买卖双方在市场上对价格影响的强弱，房地产市场可以分为卖方市场和买方市场。卖方市场是房地产供不应求，卖方处于有利地位并对价格起主导作用的市场。买方市场是房地产供大于求，买方处于有利地位并对价格起主导作用的市场。随着房地产市场的发展成熟，以及从房地产市场的长期发展趋势来看，房地产市场总体上由卖方市场转变为买方市场。

三、存量房市场分析的指标和方法

（一）成交价（或价格指数）

成交价，是指某一类别房地产在某段时期的市场平均价格，是反映房地产市场当前状况的指标。成交价上涨，代表市场向好；反之，代表市场向差。从我国过去的情况看，相对于成交量来说，成交价对市场的反应不够敏感，通常也是滞后的。

就价格指数来说，有基于成交价的价格指数，还有基于挂牌价的价格指数，基于评估价的价格指数等。价格指数增长，代表市场向好；反之，代表市场向差。

为了规避结构性影响，官方和学术界采用价格指数来反映市场实际价格走势，国家统计局按月发布的房价指数是官方依据。贝壳研究院编制了贝壳价格指数，选取固定的样本楼盘，采用重复交易法进行计算。

政府部门的调控主要盯着房价指数，每次调控都是房价持续、快速上涨触发。按照目前一城一策的要求，各城市年度房价指数（国家统计局口径）累计同比上涨不能超过一定幅度。

（二）成交量

成交量是指某一类别房地产在某段时期的成交总量，是反映房地产市场当前状况的指标。一般来说，房地产市场无论由冷转热，还是由热转冷，成交量的变化一般是领先于成交价的变化，即所谓"量在价先"。

当成交量不断放大时，反映市场趋热，随后价格往往会上涨；当成交量不断萎缩时，反映市场趋冷，随后价格往往会下跌。

房地产市场存在相对稳态的中枢。当市场交易量过高或过低，均会向交易中枢回归。这主要是因为，一个城市基本购房人群的比例和倾向是稳态的，一个城市存量住房的流通率是稳态的。从历史上看，北京二手房交易最高值月均3万套左右，最低值7500套，正常水平月均1.5万套。上海二手房交易量最高4万套，最低1万套，正常2万套。深圳二手房成交量月均最高1.2万套，最低2500套，正常水平6500套。

成交量与价格之间存在互动变化过程。一般成交量的变化领先于价格变化，呈现量跌价滞（观望期）→量价齐跌（低谷期）→量升价稳（回暖期）→量价齐升（上升期）→价涨量缩（高峰期）5个阶段循环，这是判定市场周期位置的主要途径。

（三）议价空间

议价空间，是指挂牌价和成交价之差与挂牌价的比率，即议价空间=（挂牌价-成交价）/挂牌价。一般来说，议价空间如果不断缩小，则说明市场向好；如果议价空间不断扩大，说明市场变差。

对于具体的一笔交易，合理的议价空间到底有多大，可参照过去一段时期（例如1年）议价空间的平均值。

【例5-1】业主唐某出售一套建筑面积100m² 的住宅，初次挂牌价240万元，经纪人吴某维护两周后，挂牌价调整为230万元。客户李某看中该住宅，报价218万元。吴某撮合后唐某与李某签署房屋买卖合同，成交价222万元，那么该笔交易的议价空间为（　　　）。（保留一位小数）

A. 3.5%　　　　B. 3.6%　　　　C. 3.7%　　　　D. 7.5%

【解】议价空间，是指挂牌价和成交价之差与挂牌价的比率，即议价空间=（挂牌价-成交价）/挂牌价。议价空间=（挂牌价-成交价）/挂牌价=（230-222）÷230=3.5%，因此，本题答案为A。

（四）成交周期

成交周期，是指一套房屋自挂牌（开盘）之日起至成交（签订交易合同）之日止的时间。对于二手住宅来说，也称为挂牌天数。成交周期越短，说明市场越火热；反之，说明市场越冷清。

此外，还可以分析初次挂牌价高低与成交周期的关系，初次挂牌价越高，成交周期越长；反之，成交周期越短。

对于业主来说，若要快速变现，其初次挂牌价就不能太高。挂牌价不高的标准是：挂牌价经过平均议价后不高于类似房屋过去一段时间市场平均价除以（1－平均议价空间）。例如，某住宅面积 90m^2，过去半年市场平均价 3 万元 /m^2，议价空间平均为 4%，则挂牌价不高的标准为：不超过 281.25 万元，即（90×30000）÷（1-4%）=2812500 元。

【例5-2】经纪人王某作为房源维护人维护的一套二手住房于 2020 年 1 月 1 日挂牌出售，同年 3 月 1 日、4 月 1 日、5 月 1 日、6 月 1 日分别完成签署房屋买卖合同、贷款批贷、权属转移登记和银行放款。该房源的成交周期为（　　）个月。

A.2　　　　　　B.3　　　　　　C.4　　　　　　D.5

【解】成交周期，是指一套房屋自挂牌（开盘）之日起至成交（签订交易合同）之日止的时间。挂牌时间为 1 月 1 日，签订交易合同时间为 3 月 1 日，因此成交周期为 2 个月。因此，本题答案为 A。

（五）带看量

带看量，是一定时期（如 1 个月）某一区域客户实地参观批次的总和。客户有购房的意愿，才会发生带看，并且带看是发生在成交之前。因此，带看量是反映房地产市场冷热程度的先导指标。带看量不断放大，说明后期市场越火热；反之，说明后期市场越冷清。

（六）来访量（或访问量）

来访量可分为网络来访量、电话来访量、门店来访量。客户有购房的想法，才会发生来访，因此，来访量也是反映房地产市场冷热程度的先导指标。

由于客户在实地看房前，往往要通过线上查看房源，通过网络或电话咨询房源，因此，来访量比带看量更超前。来访量不断放大，说明后期带看量也会越大，市场越火热；反之，说明后期带看量越小，市场越冷清。

（七）贝壳经理信心指数

贝壳经理信心指数（KMI），是通过调研贝壳找房平台的商圈经理对市场量价的预判来发现市场变动趋势，反映贝壳经纪人对未来短期市场的预期，数字越大，向好预期越强烈，50% 以上看好，50% 以下看空。

（八）贝壳二手房市场景气指数

贝壳二手房市场景气指数，是基于贝壳平台上业主挂牌和调价行为数据，计算挂牌房源调价中调升的次数比例来反映当前市场预期，能够预测未来短期房价走势，景气指数 = 调涨次数 / 调价次数 × 100。景气指数在 40 以上为市场预期景气，涨价预期强，20~40 为预期相对平稳，20 以下为市场预期低迷。

（九）房源带看成交比

房源带看成交比，是指平均一套房源自挂牌之日起至售出（签订房屋买卖合同）之日止的期间，被客户实地看房的批次。例如某经纪门店有 10 套可出售的房源，从挂牌之日起到全部房源成交，合计总带看次数为 300 次，那么该门店房源带看成交比为 30。带看成交比越小，说明市场越火热；反之，市场越冷清。

第二节 房地产市场周期

一、房地产市场呈现周期波动

在不同国家，房地产市场都呈现周期性波动规律。一轮周期包括复苏、繁荣、衰退、萧条四个阶段。我国房地产周期也比较明显，从 2009 年~2021 年上半年，我国房地产市场经历了四轮周期波动（表 5-1）。

2009年以来中国房地产周期和宏观货币政策　　　　　　表5-1

阶段	时期	房地产政策
第一轮	上行期：2009/1~2009/12	1. 2008/9~2008/12 五次下调商贷利率、降契税税率、降首付比例、营业税 5 改 2； 2. 2009 年初"4 万亿"计划
	下行期：2010/1~2012/2	1. 营业税 2 改 5； 2.《国十一条》、新《国十条》上调贷款利率及首付比例； 3. 2010/10~2011/7 五次上调商贷利率
第二轮	上行期：2012/3~2013/2	2012/6~2012/7 两次降息
	下行期：2013/3~2015/2	2013/2 新《国五条》坚决遏制投资投机性购房
第三轮	上行期：2015/3~2016/4	1. 2014 年"930 贷清不认房"； 2. 2014 年末 ~2015 年 6 次降准、3 次降息； 3. 2015 年"330 新政"降首付比例，营业税 5 改 2

续表

阶段	时期	房地产政策
第三轮	下行期： 2016/4~2020/2	2016 年 9 月末以来全国多地限购限贷重启
第四轮	上行期： 2020/3~2021/6	疫情冲击经济，宽松货币财政政策启动：多次降准、降息，出台企业金融、财税支持政策
	下行期： 2021/7 至今	多地密集加码行政调控；供需两端金融监管加强；学区政策调整；土地供应政策调整稳地价

资料来源：贝壳研究院。

一般来说，房地产市场周期的核心原因是供给的弹性较低，也就是供给能力不能随着市场需求的变化而快速响应，总要滞后于需求变化。当人口增加、收入增长时，购房需求涌入市场，但住房开发周期长，供给跟不上，就导致供不应求，房价上涨，刺激更多的需求涌入。当房价涨的太高时，需求量开始减少，但此时开发商仍然大量推出供给，导致库存上升，开发商降价去库存，房价出现下降。当房价降到一定位置后，又开始有需求入市，进入下一个周期。

与其他市场化国家相比，我国房地产周期更多受政策干预。当经济增长低迷时，宽松的宏观经济政策发力，房地产调控政策配合宏观经济政策同步宽松，使市场上潜在购房者涌入市场，市场需求快速升温。此时市场上住房供需矛盾加剧，房价上涨。为防止经济过热、通货膨胀，宽松宏观经济政策逐步退出。房地产调控开始收紧，市场预期转冷、购买力受限，开始观望，需求降温，同时前期增加的住宅用地形成住宅产品入市，市场上供给增多，房价下跌。进入萧条状态后，政府为了保持经济增长，往往采取刺激需求的手段促进市场复苏。

二、影响房地产市场走势的因素

影响短期市场走势的最核心因素是金融政策，这是由房地产的资产性质所决定的。土地和上面的房产具有天然的稀缺性（不可移动、不可复制），更容易成为资产，而金融的介入使土地和房产形成两个循环。一方面，信贷扩张使居民更易获得成本较低的按揭贷款，这增加了居民购买力，刺激住房需求释放，带动房价上涨，房价上涨会使购房者需要更多的信贷支持，形成需求端的正向循环。另一方面，银行信贷扩张，企业融资成本降低，开发企业加杠杆购置土地引发土地价格膨胀，并形成供给端的资产化循环。供需两端对信贷政策变动的弹性不同，需求端往往对政策的变动表现出较快的反应速度与较大的响应力度，货币宽松时，需求端增幅更大，房价易上涨；货币紧缩时，需求端收缩更明显，房价易下跌。

正是由于需求端和供给端都存在债务扩张－资产价格扩张的循环，信贷政策决定了短期市场的起伏波动。信贷政策是通过调节房地产市场参与主体获得信贷的规模以及成本，来影响供需双方供给和购买的动力与能力，从而对市场产生影响。

短期影响市场的另一个因素是行政调控，手段主要是通过行政干预改变房源或客源入市难度从而对市场起到调节作用。行政调控政策工具箱中主要包括限购、限售、限价等手段。限购是规定什么样的家庭可以买多少套房子，通过调整需求进入市场的门槛来调节市场规模。限售是以房产取证或者签合同为节点，未来一定时间内房源不能出售。限价政策是对房企或二手房业主房源售价的管控。在新房领域叫作项目备案价，在二手房领域叫二手房参考价，价格由政府确定。限售和限价政策主要是对供给端的管控，但同时也影响需求端的预期。

三、从行政性调控到长效机制

过去我国的房地产周期性调控有三个问题：一是调控只是针对需求端，并未真正改变供给。调控政策主要是为了让一部分需求者离开市场，并不能真正解决住房供应不足的问题，需求累积到一定阶段后将迎来更快的爆发。二是将反映供需关系的"价格"作为调控的对象，没有真正对高房价背后的高杠杆采取措施，治标不治本。三是采取短期化、"一刀切"的方式，不考虑不同城市、不同群体的差异，副作用明显。

2021年以来，调控正在逐步走向长效机制，金融、地价、房价相互推升的正循环逐渐被打破。

第一，房地产与金融联动调节。政府认识到，信贷过快增长是过去房地产市场过度繁荣的重要原因，2020年以来政策在信贷资金的供需两方双管齐下，降低市场的金融驱动力。一是将银行金融部门纳入调控主体。"房地产贷款集中度管理"为银行设置房地产贷款占比上限，从总体上压降房地产领域信贷资金的供给。另一方面，要求金融部门严查、严堵资金违规进入楼市，加强对购房资金穿透式监管，堵死投资者利用贷款利差的投资路径。二是管住贷款的人。"三档四线"对房企融资进行分类管控，压降房企金融杠杆水平。通过二手房指导价，降低房产估值，降低购房者杠杆比例。未来差别化信贷将会长期执行，依靠调整比例来对银行、房企、居民进行分类精准调节，避免过去"一刀切"的方式。

第二，房地产与土地联动调节。2021年以来宅地供应模式发生较大变革，切断了地价与房价上涨的正循环。一是要求重点城市尤其是人口净流入较多的城市进一步加大宅地供应；二是宅地采用"两集中"供应模式，即集中公告、集中出让，做到信息透明；三是优化宅地竞价规则，如限制溢价率、地价触顶竞品质、现房销售等，避免哄抬价格；四是加强房企购地资金审查，限制房企拿地与销售金额的比例等，防止房企借债购地。这些举措一方面抑制房企加杠杆推高地价的模式，另一方面也规范了地方政府"饥饿式"供地方式，使土地市场得以有序运行。

可以预见，当金融和土地两个关键变量改变之后，我国房地产市场将告别过去"一脚油门、一脚刹车"的调控循环，市场将进入窄幅波动，真正回归居住属性，这对于行业健康平稳运行是有利的。

第三节　房地产市场长期发展趋势

长期趋势是指从十年以上的时间跨度来观察市场规模的变动。长期视角看问题，能够让我们洞察发展的内在动力，看到未来的发展趋势，而不被短期的波动干扰做出错误的决策。

一、中国房地产市场发展历史

中华人民共和国成立后至改革开放以前，国内住房实行福利分房制度，由政府或单位统一建设、分配，住房是职工的"福利"。这种分配方式入不敷出、供给效率低、存在严重的不平等，最终无法持续。不仅中国，地处欧洲的部分前社会主义国家的住房制度都被迫转型。

1980年邓小平谈话首次系统地提出了住房私有化、提高房租、新旧公房出售以及分期付款等带有市场色彩的观点，掀开中国住房的第一次大转型。1978~1998年这20年，住房从福利品向商品转变，通过提租补贴、出售公房、全面停止住房实物分配，初步建立了市场化的分配方式。从此住房不再完全按照身份和行政地位来分配，体制外人能从住房市场的发展中获益，激发起居民购房的积极性。包括租金市场化、公房出售、个人自建住房、土地有偿使用、住房公积金制度、个人按揭贷款等一系列改革试点，为后续的市场化与商品化改革解放了思想、奠定了基础。1998年，国务院宣布停止福利分房、实行住房商品化制度，标志着一个新的住房阶段开启。但在这20年，住房在转型中实行存量和增量双轨制运行，尚未形成完整的市场。

1998~2018 年的 20 年，是中国住房的第二次大转型，双轨制向市场化转变。市场化是指土地要素市场化、金融市场化。在土地方面，国有土地使用权招拍挂制度建立，这标志着土地要素的市场化完成，激发了土地的资产价值。在金融方面，住房公积金和商业住房抵押贷款制度建立起来，并通过降低首付比例，延长贷款年限，降低贷款利率促进居民购房。至此，土地、金融、房地产三者的正循环关系打通，中国特色的房地产市场建立起来：地方政府是土地的唯一提供者，开发商是住房建设的唯一主体，金融作为加速器，供给端通过土地金融化和开发融资实现大规模建设，需求端通过按揭贷款制度实现资金流循环。

2008 年全球性金融危机，我国采取了"一揽子"刺激政策，其后的 10 年，住房的金融属性逐步彰显，土地财政与土地金融成为地方政府加杠杆的重要基础；借助于高杠杆、高周转的发展模式，开发商迅速变大；居民的自住、投资、投机性需求全面释放，住房条件得到极大改善，同时杠杆率也快速上升。

总的来说，经过两次大转型，我国建立了以购房为主满足居住需求、地方政府单一主体垄断供地、开发商垄断建房的住房模式。充分利用土地、金融要素红利，解决了我国住房短缺难题，同时也避免了其他国家发生的金融危机、政府债务危机、贫民窟等问题，为全球特别是发展中人口大国探索出一条解决住房问题的中国模式。

过去 20 多年，我国住房取得了伟大成就。但是，2018 年以来我国房地产面临的环境发生了较大变化，随着国内经济进入增速换挡阶段，旧的住房模式不可持续的问题逐步暴露出来，如果处理不好，未来也会滋生巨大风险。

在金融化推动下，房价不断攀升，严重超出城市新市民的收入水平。北京、深圳住房套均总价已经超过法国巴黎与美国纽约，上海住房套均总价也已经位居全球前列，房价明显过高。以进城务工人员、新毕业大学生、流动人口为基础的新市民群体住房问题仍然困难，城镇住房保障体系不够健全，近 2 亿城市流动人口没有进入城市住房保障体系。大城市缺少租赁的缓冲垫，新进入的年轻人不得不面临购房的压力。

在这样的背景之下，我国房地产进入第三次转型阶段。第三次转型是扭转房地产过度金融化的态势，住房回归居住属性，提高民生保障能力。一系列房地产政策体系旨在打破土地与金融的循环机制，从根本上改变高房价与高杠杆的双向反馈，弱化家庭、开发商与地方政府加杠杆的冲动。

正在开启房地产的第三次转型，将会有几个大转型：

从单一供给主体到多元化，除了地方政府掌握的国有建设用地之外，未来将扩大到农村集体建设用地、城市闲置低效用地等范围，并积极盘活利用存量住宅资源。

从以购为主到租购并举，除了商品房之外，未来的住房供应还有其他类型的住房，如政策性租赁住房、保障性租赁住房、共有产权房等，促进消费者从单一买房到租购并举。

从生产到服务，居住服务是内循环的重要支撑，住房将从"钢筋水泥"转向居住服务业，成为中国经济内循环的重要支撑。住房租赁市场、物业管理市场很有潜力成为新的经济增长点。

二、房地产市场长期发展的影响因素

住房是人和地理空间的交互产生的一种居住形态，房地产是这种形态从生产到交换、分配的产业。人口与财富在有限的地理空间上分布，造就了房地产市场长期变迁。

人口增长和流动带来住房需求的变化。工业革命以后人口向城市集聚。2010 年全球一半以上人口居住在城市，城市已经成为人类生存的主要空间形态。交通区位优势决定了生产和运输成本，最容易形成大城市，比如上海、广州、深圳等城市，均位于大江大河的入海口。政治资源集中的城市也容易吸引更多的人口流入，比如首都北京以及各个省的省会城市。人口不断往大城市集中，导致大城市人口规模不断增加。在大城市内部，受生产、生活成本的影响，人口和产业从中心城区向郊区迁移，郊区逐步兴起。大城市带领周边小城市发展起来，形成城市圈，城市圈内部市场形成联动。

私人财富增长和分配塑造房地产市场格局。由于住房自身的耐久性特点，住房是私人家庭财富配置的首选方式。当人有了钱之后会想获得更好的房子（位置更好，面积更大，品质更好等），更好的房子又会让家庭的相对财富变得更多。收入增长速度越快，房价上涨的速度越快。在货币超发、通货膨胀越高的时期，房价上涨的幅度越大。当居民家庭的债务杠杆上涨的速度越快，房价上涨的速度越快。

由于地理位置的不可复制性，当越来越多的人向少数地理空间集中时，必然会导致住房不足，获得住房的成本不断增大。同时，政府还会对土地市场采取一系列干预措施，一般包括针对土地的权属、土地的利用、土地的交易等限制性内容，土地制度会影响住房供应数量和供应节奏。

三、中国房地产市场总体规模及发展趋势

从影响房地产市场长期发展的影响因素来看，未来中国房地产成交市场规模仍将保持较大的体量。

未来十年，在"房住不炒"的政策以及房地产需求发展趋势下，中国房地产交易市场将会进入新中枢，年均新建商品住宅销售面积约为 13 亿 m²，市场交易额长期保持在 15 万 ~16 万亿中枢范围内，不会失速下滑。

支撑新房市场向上的动力主要来自三大方面：一是城镇化进程的持续推进。据预测，2021~2030 年的十年间，我国人口城镇化率仍有约 10% 的提升空间，城镇人口将由 9 亿增至 10 亿；因此，未来 10 年内，超过 1 亿的城镇人口增量将催生约 66 亿 m² 住房居住需求，年均约 6.6 亿 m²。二是住房改善需求的持续释放。城市内部家庭生命周期的变化，会推进住房面积、配套的改善需求。未来十年内，处在 35~60 岁间的住房改善阶段的城镇人口将提升约 5%；流动人口中，跨城流动占比在 2010~2015 年的 5 年间已经提升 17%。预计未来 10 年，因住房改善而增加的住房需求约 56 亿 m²，年均约 5.6 亿 m²，占总体销售比重的 43%。三是城市更新改造催生部分住房需求。预计每年完成更新上年末住房存量的 1.5%，10 年间年均催生的新住房需求按照当年改造面积 15% 计算，则年均旧城改造产生新的住房需求8000 万 m²，这部分需求占总体销售的比重约 6%。

家庭结构小型化也将裂变出更多的增量需求。从数据上看，目前我国家庭规模平均为每户 3 人，2019 年一人户及二人户合计占比已经高达 48%，较 2010 年提升 9%。2018 年单身成年人口 2.4 亿，约 7700 万为独居状态，贝壳研究院预测这个数字在2030 年将接近 2 亿。由于年轻人不婚或晚婚、单身主义崛起等因素的影响，家庭裂变速度会加快，并产生更多的小户型住房需求。

存量房市场的发育、成长和壮大是房地产走向成熟的标志。近几年二手房交易量在 4 亿 m² 附近徘徊，在总住房交易量中占比在 20% 附近波动，住房流通率只有约 1%，远低于美国当前 4% 左右水平。近五年，除北上广深及厦门等城市二手房交易量稳定超过新房之外，多数城市二手房交易量占比仍不及新房。未来 10 年，二手房交易额将从当前的 7 万亿元左右增长到 25 万亿元，逐步赶上甚至超过新房市场交易额。越来越多的城市将进入存量市场。支撑存量市场增长的因素是存量房面积增加和流通率的提升。人口跨城流动带来换手率提升，交易效率提升、持有成本提升将导致未来十年中国的存量房流通率从当前的 1% 左右增长到 2% 左右。

【例 5-3】在观察房地产市场的长期指标中，住房流通率是指单位时间（通常为 1 年）流通住房量与期初现存可流通住房总量的比率。在城市化水平较高的成熟市场，住房流通率平均值通常为（　　　）左右。

A.1%　　　　　B.4%　　　　　C.8%　　　　　D.16%

【解】在成熟市场，住房流通率的平均值保持在 4% 左右，中国当前的数据不足 2%。因此，本题答案为 B。

存量房屋流通服务走上快车道。高效流通让房屋所有权能够以最低的交易成本、最短的交易周期实现高效的配置。存量置换需求的提升，将为流通服务机构发展带来广阔的市场空间。预计未来 10 年，存量房交易的经纪渗透率仍将稳步提升，由 2020 年的 88% 提升至 92% 左右，二手房经纪机构总交易额达到 23.5 万亿。随着经纪服务需求度及品质的提升，届时二手房中介服务佣金收入预计达到 7000 亿左右。

在购房时代，房地产业链围绕如何将土地、资金要素转化为产权进行分工，衍生出开发、建筑、代理、广告等市场主体；在居住时代，房地产业链将围绕资产管理进行分工，提供租赁、装修、社区、养老等长期服务，居住服务者成为时代的主力，资产管理和现金流运营能力成为核心竞争力。

第一是居住服务化浪潮。住房不再是一个单纯的开发制造业，而是会变成一个整体的居住服务业，围绕居住的服务链条将逐步产生、发展、壮大。

第二是数字化浪潮。数字化将全面渗透到住房市场，在生产、流通、租赁、改造等环节提升数字化水平，衍生出数字空间、智能客服、远程协作与自动化决策、资产和信用数字化等市场空间，数字空间市场规模将增长至 358 亿美元。

第三是全产业链化浪潮。基于 30 万亿元的居住交易市场规模和超过 300 万亿的存量资产基数，住房的价值链将进行深度的整合与重构。开发商不仅仅局限于开发环节，而是会渗透到物业、中介、家装等环节；互联网会跨界到住房交易与服务环节。

第四是品质居住浪潮。在"住得更好"的需求下，装配式建筑新开工面积将达到 9.4 亿 m^2，占新开工面积的 40%~50%；现代物业管理全面升级，管理面积达到 400 亿 m^2，市场规模达到 1.6 万亿；城市更新和旧房改造规模预计达到 7 亿 m^2。

第五是都市圈化浪潮。在人口城镇化迁移和住房改善需求的推动下，三大都市圈成为住房的主要市场，长三角城市群市场交易规模将接近 7 万亿，京津冀城市群、珠三角城市群都将接近 4 万亿。

第六是机构化租赁浪潮。在租购并举政策的推动下，住房租赁机构化率达到 30% 以上，与之相配套的住房租赁 REITs 有望达到千亿甚至万亿级别的市场空间，租赁生态产生的空间将超过 3 万亿。

第四节　房地产金融

一、资金的时间价值与利率

资金的时间价值也称货币的时间价值，是现在的资金比将来的等量资金具有更大的价值，通俗地说，就是现在的钱比将来的钱值钱。例如，银行存款年利率是 5%，那么现在的 100 元等值于 1 年后的 105 元。

利率，是指单位时间内利息与本金的比率。即：利率 = 利息 ÷ 本金 ×100%。计算利息的单位时间称为计息周期，可以是年、半年、季度、月、周、日。习惯上根据计息周期，将利率分成年利率、月利率和日利率。年利率一般按照本金的百分比表示，月利率一般按照本金的千分比表示，日利率一般按照本金的万分比表示。

（一）单利的计算

单利计息是指每期均按照原始本金计算利息，本金所产生的利息不计息。在单利计息的情况下，每期的利息是相等的常数。单利的计算公式为：

$$I=P \times i \times n$$

式中　I——利息；

　　　P——原始本金；

　　　i——利率；

　　　n——计息周期数。

单利的本利和计算公式是：

$$F=P（1+i \times n）$$

式中　F——计息期末的本利和。

（二）复利的计算

复利计息是指本金和本金上一期产生的利息都要计息。复利计算就是所谓的"利滚利"。个人住房商业性贷款中的等额本息还款方式，其计息方式就是复利计息。

复利的本利和计算公式为：$F=P（1+i）^n$

复利的总利息计算公式为：$I=P[（1+i）^n-1]$

（三）存款利率和贷款利率

存款利率是个人和单位在金融机构存款所获得的利息与其存款本金的比率。贷款利率是金融机构向个人和单位发放贷款所收取的利息与其贷款本金的比率。同一时期，金融机构的贷款利率高于存款利率。

二、个人住房商业性贷款

个人住房商业性贷款，通俗的说法，有住房按揭贷款、按揭贷款、购房贷款等。个人住房商业性贷款，是指具有完全民事行为能力的自然人，购买城镇住房时，抵押其所购买的住房，作为偿还贷款的保证而向银行申请的贷款。

（一）住房商业性贷款与住房公积金贷款的差异

1. 利率不同

商业性贷款的利率高，公积金贷款的利率低。例如在 2019 年 10 月，25 年期商业性贷款利率 4.85%，公积金贷款利率 3.25%。后者只有前者的 2/3。

若以贷款 100 万元为例，商业性贷款比公积金贷款每月多 886 元；总还款额多 265752 元（表5-2）。

住房商业性贷款与公积金贷款比较　　　　　　表5-2

贷款100万元，25年	商业贷款	公积金贷款
等额本息每月还款额	5759 元	4873 元
等额本息总还款额	1727700 元	1461948 元

2. 最高额度不同

商业性贷款最高额度由成交价和评估价决定，本质上由成交价决定，因为成交价高，评估价也高。成交价越高，贷款额度也多。而公积金贷款的最高额度，政府管理部门有限制，各地规定不一样。

3. 贷款对象不同

商业性贷款对贷款对象一般不限，而公积金贷款局限于缴存所在地贷款或者政策允许条件下的异地贷款。

（二）住房商业性贷款与住房抵押贷款的差异

（1）住房商业性贷款的借款人，是即将拥有房屋所有权；而抵押贷款的借款人，是已经拥有房屋所有权。

（2）住房商业性贷款的用途是非常明确的：用于购买指定的住房；而抵押贷款的用途很宽泛，各种消费（抵押消费贷）或者企业经营（抵押经营贷）。

（3）住房抵押贷款，有些用途，法律法规已经明令禁止，例如，炒股、炒期货、炒外汇、炒房等。

三、住房商业性贷款的还款方式

（1）等额本息。借款人每期的还款金额都相同的还款方式，最常见的是按月等额本息偿还。

（2）等额本金。借款人每期的偿还的本金都相同的还款方式，最常见的也是按月等额本金偿还。等额本息还款与等额本金还款的特征见表5-3。

等额本息与等额本金还款方式比较   表5-3

差异	等额本息	等额本金
本金和利息比重	1. 每月还款额相同； 2. 本金所占比重逐月递增； 3. 利息所占比重逐月递减	1. 每月的还款额不同，且是逐月递减； 2. 每月还款的本金相同，利息逐月减少； 3. 第一个月还款金额最多，最后一个月还款金额最少
适合人群	1. 比较适合有正常开支计划的家庭，特别是年轻人； 2. 比较适合收入稳定或者工作单位比较稳定的家庭	1. 比较适合在前期还款能力强的借款人； 2. 比较适合50岁之后的中老年人，因为随着年龄增大或退休，收入会减少
特点	1. 复合利率计算。在每期还款的结算时刻，剩余本金所产生的利息要和剩余的本金（贷款余额）一起被计息，也就是说未付的利息也要计息； 2. 在国外，等额本息是公认的适合贷款人利益的贷款方式； 3. 在其他条件相同的情况下，整个贷款期限还款总金额比等额本金多	1. 简单利率计算。在每期还款的结算时刻，它只对剩余的本金（贷款余额）计息； 2. 前期还款压力较大，每月偿还金额不固定，还款计划比较复杂； 3. 对借款人每月的银行流水、收入证明要求高，因为收入至少达到2倍的偿还额

【例5-4】商业贷款中的等额本息与等额本金存在若干差异。那么相比等额本金，等额本息拥有的特点有（   ）。

A. 每月还款额相同

B. 比较适合有正常开支计划的家庭

C. 比较适合在前段时间还款能力强的借款人

D. 整个贷款期限还款总金额比较多

【解】等额本息每月还款额相同，比较适合有正常开支计划的家庭，特别是年轻人。等额本金每月还款额不同，呈现逐月递减的状态，适合前期还款能力强的贷款人，等额本息的利息比等额本金高。因此，本题答案为ABD。

四、贷款政策的专业术语

1. 首付款

首付款为房屋购买时的预付款。因为有最低首付款比例，所以首付款不应少于总房价的一定比例。通常情况下，国家规定的首付款比例应在总房价的 20% 以上。

2. 首付款比例

首付款比例为首付款占所购房屋成交价的百分比。国家通常会规定首付款的比例，同时还可以实施差别化的房贷政策，不同购房人的最低首付款比例可能不同。如购房人首次购房的，其最低首付款比例较低，属于购买第二套及以上房屋的，其最低首付款比例较高。

3. 贷款金额

贷款金额简称贷款额，是指借款人向金融机构借款的金额。例如，在北京市，贷款金额 = 较小值（网签价，评估值）× 贷款成数。

4. 贷款利率

贷款利率为借款合同约定的贷款利率。从 2019 年 8 月 16 日开始，住房贷款利率按照 LPR（Loan Prime Rate）执行，LPR 是指金融机构对其最优质客户执行的贷款利率。因实行差别化信贷政策，不同购房人的贷款利率可能不同，有时差异很大。例如有的银行规定，首套利率上浮 55 基点，二套利率上浮 105 基点。

5. 贷款期限

贷款期限为借款人应还清全部贷款本息的期限。一般有最长贷款期限的规定，如在北京市，个人住房贷款期限最长不超过 25 年。此外，贷款期限还受到借款人年龄、房屋剩余使用年限的制约。

6. 分期还款额

分期还款额是在分期还款的贷款中，借款人每期应偿还贷款的数额。在个人住房贷款中，一般采取按月还款方式，因此分期还款额通常为月还款额，俗称"月供"。

月供，即为贷款人应当在还款期间内，每月向贷款银行支付的月还款额，包括本金部分和相应的利息。

7. 贷款余额

贷款余额为分期还款的贷款，在经过一段时间的还款后，尚未偿还的贷款本金数额。

8. 提前还款

提前还款为借款人在约定的全部贷款到期日前将全部或者部分贷款余额归还贷款人的行为。

由于提前还款本质上属于违反合同约定的"违约"行为，贷款人一般会对提前还款做出特殊规定。如规定借款人在一定期限内不能提前还款，否则产生一定的违约金。

9. 批贷函

批贷函为银行完成贷款审批后出具的证明贷款申请成功的文件。

10. 担保

担保是在借贷、买卖、货物运输、加工承揽等经济活动中，债权人为保障其债权实现而采取的措施。

担保方式为保证、抵押、质押、留置和定金五种。在申请银行贷款时，当借款人收入不满足银行要求时，需要添加一名担保人作为此笔贷款的担保方，担保人对此笔贷款具有连带偿还责任。

11. 共借

共借是夫妻或者房屋共同买受人共同向银行申请贷款的行为。共借在住房商业性贷款中最常见，共同借款人可以是所购买房屋的共有权人，也可以是符合贷款要求的其他自然人。

12. 面签

面签是借款人携带合法有效证件，到贷款银行或其指定地点进行面谈，办理签字、缴费等手续的行为。

13. 负债收入比

负债收入比 =（本次贷款月还款额 + 物业管理费 + 其他可查的月均债务）/ 月均收入

值得注意的是，不论是负债，还是收入，既可以单独核算，也可共同核算，最常见的就是个人单独核算，或者家庭共同核算。

中国银行业监督管理委员会要求：借款人住房贷款的月房地产支出与收入比应控制在 50% 以下。月所有债务支出与收入比应控制在 55% 以下。

14. 收入证明

收入证明为我国公民在日常生产生活经营活动中，所需要的对经济收入的一种证明。在住房贷款申请中，银行要求收入至少达到月负债的 2 倍。

15. 征信报告

征信报告为中国人民银行征信中心记载的个人信用记录，包含个人基本信息，贷款和信用卡账户信用情况，以及社保公积金缴存情况，是银行贷款批贷的重要考核依据。

16. 连三累六

连三累六是指在征信报告中，连续三个月逾期，累计逾期 6 次。借款人未按时归还该月应还款金额称为逾期，一笔应还款超过 61 天，且在 90 天内归还的，即为连续三次逾期，称为连三。在下一还款日（30 天）内归还的，记作一次逾期，总共有 6 次，称为累六。

17. 首付贷

首付贷是指通过相关机构，以不同科目、名义的贷款方式，向购房者提供购房首付阶段的"贷款"。假借信用贷、消费贷、经营贷、过桥贷、房抵贷之名，把原本应用于正常消费、经营的资金挪作购房款的行为，实质上仍属于"首付贷"。

18. 房抵贷

房抵贷是指借款人以自然人名下的房地产作抵押，向银行申请一次性或循环使用的消费或经营用途的贷款。贷款可用于家庭装修、购车、旅游、留学等各类消费资金所需，或者满足借款人商铺装修、流动资金等经营用途资金需求。

19. 信用贷

信用贷是以借款人的信誉发放的贷款，借款人不需要提供担保。其特征就是债务人无需提供抵押品或第三方担保，凭借自己的信誉就能取得贷款，并以借款人信用程度作为还款保证的贷款。

20. 消费贷

消费贷是指商业银行和金融机构以消费者信用为基础，对消费者个人发放的，用于购置耐用消费品或支付其他费用的贷款。

21. 经营贷

经营贷是以中小企业主或个体工商户为服务对象的融资产品，借款人可以通过房地产抵押等担保方式获得银行贷款，贷款资金用于其企业或个体户的经营需要。

22. 过桥贷

过桥贷是为交易双方"搭桥铺路"而提供的款项，可以理解为银行和其他金融机构向借方提供的一项临时或短期借款。

按照住房城乡建设部、人民银行、银监会发布的《关于规范购房融资和加强反洗钱工作的通知》的规定，首付贷是违规行为；通过房抵贷、信用贷、消费贷、经营贷、过桥贷，把原本应用于正常消费、经营的资金挪作购房款的行为，也是违规行为。

第六章

存量房买卖

存量房买卖是房地产经纪最重要的组成部分，其流程和注意事项也比较复杂。为做好存量房买卖业务，经纪人应熟悉和掌握存量房买卖业务相关知识。为此，本章主要介绍存量房的房源、客源、交易流程、交易资金等有关内容。

第一节　房源

一、房源的概念与房源信息

（一）房源的概念

房源，是指在房地产经纪业务中，房屋权利人委托房地产经纪机构交易的房屋。从房源的含义看，一套房屋要成为房源，必须具备下列两个条件：

一是，该房屋依法能够在市场上交易。对买卖经纪业务来说，能够依法交易的房屋才能成为房源。不能交易的房屋不能成为房源。

二是，房屋权利人有出售的意愿，并采取了出售委托行动。房屋权利人有出售意愿的标志是，房屋权利人或其代理人与房地产经纪机构签署了房屋出售委托协议书或者微信、短信等证据可证明房屋权利人委托出售。

房源信息，是指与卖方和交易房源有关的信息。房源信息不仅包括房源的优势信息，如挂牌价合理、业主签约方便、交通方便、楼层好、户型好、环境好、物业管理好等，还应包括房源的劣势信息，如附近有垃圾站、房屋楼龄老、交易税费多等。

（二）房源信息的内容

为更加清晰地说明房源信息的内容，可将房源信息细分为房源区位信息、房源实物信息、房源权益信息、房源交易条件信息和房源交互信息五个部分。

1. 房源区位信息

房源区位信息包括：坐落位置、所在楼层与总楼层、停车方便程度、物业管理情况、出入可利用的交通工具、周边教育设施、周边医疗设施、周边生活设施、周边娱乐设施、周边环境和景观等。

2. 房源实物信息

房源实物信息包括：建筑面积、套内建筑面积、套内使用面积、建筑类型、建筑结构、户型布局、朝向、装修装饰情况、日照、通风、供暖情况、梯户比、层高和室内净高、建成年代和设计使用年限等。

3. 房源权益信息

房源的权益信息包括：所占土地使用年限、所有权归属情况、用途、共有情况、出租或占用情况、抵押权设立、所有权是否不明确或归属有争议、是否被依法查封等。

4.房源交易条件信息

房源交易条件信息包括：挂牌价格、挂牌时间、挂牌价格变动记录、上次交易时间、是否满五唯一、看房是否方便、签约是否方便、定金数额要求、首付款数额及支付时间要求、房屋权属转移登记时间要求、房屋交付时间要求、户口是否迁出及迁出时间、交易税费数额、交易税费承担方式、付款方式等。

5.房源交互信息

房源交互信息包括：浏览量、关注量、带看量、在线咨询量、电话咨询量。房源交互信息是房源展示后，市场上客户对房源反馈的数据。房源交互信息又可以分为最近一段时期（例如 1 周）总量和房源展示以来的总量。

【例6-1】客户刘某购买了一套位于科创园区的住宅，该住宅所在楼层为 16 楼，建筑面积 125m²，小区人车分流，停车方便。上述信息属于房源区位信息的有（　　）。

　A.科创园区　　　　　　　　　　B.16 楼

　C.建筑面积 125m²　　　　　　　D.停车方便

【解】房源区位信息包括：坐落位置、所在楼层与总楼层、停车方便程度、物业管理情况、出入可利用的交通工具、周边教育设施、周边医疗设施、周边生活设施、周边娱乐设施、周边环境和景观等。根据教材原文，科创园区、16 楼、停车方便都属于房源区位信息，因此本题答案为 ABD。

在贝壳找房网站上，展示的房源信息主要有：户型、楼层、建筑面积、建筑类型、装修情况、梯户比、挂牌时间、房屋性质、上次交易时间、抵押信息以及最受关注的房屋总价和单价、社区名称、所在区域等。

房地产经纪行业的本质是匹配交易双方的信息。对于高度分散化、本地化和非标准化的房屋供给与高度差异化、个性化的买方需求，如何才能实现卖方与买方的信息匹配，是房地产经纪业务面临的首要难题。

在房源信息的五个组成部分中，区位信息、实物信息和权益信息，通过实地看房或者查看不动产权证书，经纪人能够快速得知和掌握。对于房源交易条件信息，因为卖方要求随时可变、买方情况差异大、交易情况差异大等特点，处于随时可变的状态之中。这无疑加大了卖方与买方匹配难度。

对于房源交互信息，随着市场景气度的变化，也是不断在变化。例如，某房源在刚上线时，浏览量、关注量、带看量、在线咨询量、电话咨询量都不大，但随着市场景气度的回升，成交周期缩短，上述房源交互信息也出现大幅增长。当某房源交互信息大幅提升的时候，就应该引起经纪人的高度注意，因为这套房源可能很快成交。

因此，对于经纪人来说，为了促进成交，提高服务品质，要花更多精力关注房源交易条件信息和房源交互信息。对于房地产经纪公司来说，除了实现房源区位信息、实物信息和权益信息的共享，更关键的是实现房源交易条件信息和房源交互信息的共享。

房源交易条件信息和房源交互信息，能否在所有经纪人中实现快速共享，是衡量一个房地产经纪公司或者一个房地产经纪平台是否具有竞争力的重要标志之一。

二、房源的委托方式

房源委托，是指业主向房地产经纪机构委托房屋销售或出租的行为。委托信息主要包括：委托对象、委托方式、委托期限、委托权利义务等。其中委托方式主要有独家委托、独家代理和开放式委托三种（图6-1）。

独家委托，是指业主仅仅委托一家房地产经纪机构开展房屋销售或出租，并排除自己销售或出租的委托方式。这种方式，保证了房地产经纪人独家排他性销售权或出租权。在委托期间内，无论谁（包括业主本人）找到了买方，实现了房屋交易，业主都要向房地产经纪人支付佣金。这是美国最为盛行的一种委托方式。加拿大、澳大利亚也实行这种方式。

独家代理，是指业主仅仅委托一家房地产经纪机构开展房屋销售或出租，但不排除自己销售或出租的委托方式。这种方式与独家委托的不同之处在于，业主保留了自己销售权或出租权，即如果在委托期间内，业主本人找到了买方，实现了房屋交易，业主无需向房地产经纪机构支付佣金。

图6-1 三种基本委托合同
（a）独家委托合同；（b）独家代理合同；（c）开放式委托合同

开放式委托，是指业主委托多家房地产经纪机构开展房屋销售或出租的委托方式。这种方式下，业主同时委托多家房地产经纪机构，只有找到买方，实现了房屋交易，业主才会向完成交易的房地产经纪机构支付佣金。接受了业主委托，虽然付出了带看等劳动，但未完成交易的房地产经纪机构，无法获得佣金。若业主本人找到了买方，实现了房屋交易，业主无需向任何接受委托的房地产经纪机构支付佣金。英国及我国香港、台湾地区为开放式委托。

【例6-2】房源委托是指业主向房地产经纪机构委托房屋销售或出租的行为。英国及我国香港、台湾地区的房源委托方式是（　　　）。

A.独家委托　　　　B.独家代理　　　　C.开放式委托　　　　D.开放式代理

【解】开放式委托，是指业主委托多家房地产经纪机构开展房屋销售或出租的委托方式。英国及我国香港、台湾地区为开放式委托。因此，本题答案为C。

依据《房地产经纪管理办法》，出售房屋的，房地产经纪机构应与委托人签订房屋出售委托协议，并查看委托出售的房屋及房屋权属证书，委托人的身份证明等资料。

委托人应当是产权人或其中一个产权人，非产权人应提供委托书。产权人是企业的，应提供营业执照复印件，在房屋出售经纪服务合同签名处，加盖企业公章或有企业授权委托书的受托人签名。产权人不具有完全民事能力的，应由监护人签署，并提供能证明监护人与产权人关系的证明文件复印件。

对于非房屋权利人签署出售委托协议，经纪人需要第一时间联系房屋权利人，核实签署委托协议人的真实身份，要求房屋权利人对委托出售行为进行追认，也就是由房屋权利人签署授权委托书。

三、房源分级

有些房源是好卖的，有些房源是不好卖的，房源信息存在巨大差异是经纪人作业中遇到的真实场景。对房源进行分级，并制定不同级别房源的维护策略，对提高成交效率、改进经纪服务体验具有十分重要的意义。

对房源分级不能是主观的，不能只凭个人的经验，而应有客观依据。房源分级，可以从下列三个方面入手：

（1）挂牌价格是否合理。若合理的挂牌价格为K，过去一段时期（如半年）类似房源平均成交价格为P，平均议价空间为S（百分数），则应满足：$K \leqslant P/(1-S)$。例如某城市某类型住宅平均价格 P 为 9700 元 /m², 平均议价空间为 3%, 则合理的挂牌价格 $K \leqslant P/(1-S) = 10000$ 元 /m²。

（2）看房时间是否方便。对于业主留有钥匙或者房屋有人居住, 随时联系之后可以看房的, 可认定为看房方便; 对于需要提前预约才能看房的, 可认定为看房基本方便; 对于预约受很大限制或提前预约后也不能确定看房时间的, 可认定为看房不方便。

（3）签署买卖合同时间是否方便。对于预约业主签约后, 业主当日可签署买卖合同的情况, 可认定为签署买卖合同时间方便。对于预约业主签约后, 业主需要次日或者之后一周内可签署买卖合同的情况, 可认定为签署买卖合同时间基本方便。对于预约业主签约后, 业主表示推诿, 不确定可以签约时间的, 可认定为签署买卖合同时间不方便。

在这里, 根据预计成交周期对房源进行分类。在实际业务中, 我们通常可以将房源分成 3 类, 从优到差, 可以分为 A、B、C 三类。在不同市场、不同区域、不同时期, 预计成交周期是有较大差异的, 也就是 ABC 三类房源的分类标准不是不变的, 而是动态的。有时定义 A 类房源的成交周期不超过 15 天, 有时定义 A 类房源的成交周期不超过 30 天, 也就是说, 分级的标准是根据实际情况确定的。

在这里, 我们提供一种可能的房源分级方法, 仅作为举例使用, 不作为行业标准。具体分级方法见表 6-1。

房源分级	表6-1
房源类别	**预计成交周期**
A 类房源	不超过 30 天
B 类房源	超过 30 天, 不超过 90 天
C 类房源	超过 90 天

四、房源聚焦

（一）房源聚焦的含义

一个商圈, 库存的有效房源少则几十、多则数百, 但其中真正能够在近期成交的不会太多。房地产交易决策是一个漫长的过程, 卖方一定会有各种犹豫、纠结、反复。但经过一段时间与经纪人的交流, 以及对市场了解程度的加深, 绝大多数卖方都会重新审视自己的交易条件和报价, 并修正这些数据。

一旦各项数据高度接近市场行情时, 这套房就离成交非常近了。无非最终是通过

"你"成交、还是通过竞争对手成交。这种房源就是聚焦房源,有时被经纪人俗称为"本周必卖房源"。"本周必卖",不一定真的是一周内就一定能成交,但一定是从交易条件到价格,对客户都相当具有吸引力。

（二）房源聚焦的意义

经纪业务管理的核心是聚焦＋合作。聚焦就是找到离交易最近的房和客;合作就是在聚焦的资源上进行大强度的投入。因此,房源聚焦的出发点是服务卖方和买方,提高解决他们问题的效率。卖方的问题是什么时候把房屋卖出去,合理价格是多少;买方的问题是什么时候能买到房屋,合理价格是多少。

（三）房源聚焦的方法

1. 寻找房源、传递房源

经纪人的核心能力,就是通过房源盘点、带看反馈、业主回访等业务基本功,找到那套"本周必卖"的房源,并把足够的销售资源集中过去。这就是所谓的"卖掉一套房的能力"。经纪人面对这种优质房源,首先需要能"找到",其次是能够组织"传递",不仅是在团队内传递,也包括发动团队在合作网络中传递,以引起更多手中有客的经纪人的关注,形成更多带看,最终实现成交。

2. 聚焦房源不能太多

值得注意的是,聚焦的房源不能太多。1个门店1周聚焦房源的数量最好为1套,最多不超过2套。在有些地方,有的店面一周聚焦房源超过10套,其实1周内能够成交的房源,一个大区可能一共也不到10套。因此,1个门店1周聚焦10套房源,显然是不合适的。房源聚焦的核心逻辑是经纪人"信"。信的是什么呢?首先是相信这套房源真的属于"本周必卖"的类型;其次是相信房源一旦被列为聚焦房源,带看量肯定会明显提高,成交概率会大大增加。

第二节　客源

一、客源的概念与客源信息的内容

（一）客源的概念

客源,也叫买方,是指在房地产交易活动中,有购买需求且有购买实力的自然人、法人和其他组织。从客源含义看,要成为客源,必须同时具备下列两个条件:

一是，要有购买需求。可以是客户主动表达需求，也可以是经纪人激活客户需求。二是，要有购买能力。购买能力主要指资金实力；在住房限购的城市，购买能力还包括购买资格。

（二）客源信息的内容

客源信息主要包括 2 个方面：客源需求信息和客源交易条件信息。

客源需求信息主要有：位置、建筑面积、户型、朝向、学区情况、停车情况、交通方便程度、建筑密度、建造年代、楼层、装修、电梯、绿化环境、物业管理等。

客源交易条件信息主要有：购房动机、交易报价、总预算金额、定金金额、首付款金额、贷款金额、定金支付时间、首付款支付时间、权属转移登记时间、房屋交付时间、对户口的要求等。

（三）客源的核心信息

按照客户的核心关注点分类，可将客源信息分为客源核心信息和客源非核心信息。我们知道，房源是没有十全十美的，挂牌价也不会让所有人满意。客户不可能对房源信息所有的方面都完全满意。因此，为提高成交效率，经纪人应把客源核心信息和客源非核心信息区分开来，并对客源核心信息重点关注。

客源核心信息是由买方核心需求决定的，有些核心信息是相对固定的，例如最大的预算金额等；有些核心信息会随着买方的核心需求不同而不同。

例如，为了建筑面积增加的改善性购房需求，客源核心信息通常有：购房预算总金额、建筑面积、户型布局等；为了结婚和户口落地，客源核心信息通常有：购房预算总金额、交通方便程度、房屋地址下的户籍登记情况等；为了赡养年老的父母，客源核心信息通常有：购房预算总金额、楼层、朝向等。值得注意的是，对于客源的核心信息，买方开始实地看房时，不一定非常清晰和了解。在实地看房以及后续跟进过程中，经纪人需要与买方反复沟通和交流，逐步确认客源的核心需求。此外，对于客源的核心信息，经纪人需要从专业角度说服客户，确定的客源核心信息不宜过多，一般不超 5 个。因为过多，反而使客源核心信息失去聚焦的意义。

二、客源分级

经纪人对客源进行分级不能只凭个人的经验，而应有客观依据。客源分级，可以从下列两个方面入手：

（1）最大首付款金额是否满足要求。依据客源核心信息，经纪人可以构造一套虚拟的房源，若过去一段时期（如半年）类似房源平均挂牌价为 K，各项房地产交易税

费为 T，经纪服务佣金为 C，最大首付款为 D，最大的贷款金额为 L，若买方承担全部交易税费以及佣金，则最大首付款应满足：$D \geqslant K+T+C-L$。

（2）买方购房是否急迫。买方购房的急迫性不仅仅要听取买方的介绍和说明，更重要的是要观察买方的行为。

三、买方购买的急迫性

（1）实地看房总次数和看房频率。最近一定时间段（如1个月）买方累计的实地看房量越大、看房的频率越高，说明买方购房的急迫性越强。

（2）实地看房时的天气状况。实地看房时的天气状况越恶劣，例如，大雪、大雨、大风天气或异常炎热、异常寒冷等，买方仍坚持实地看房的，说明买方购房的急迫性越强。

（3）带看时买方家庭的人数。购房行为一般是家庭共同决策，带看时买方家庭的人数越多，说明买方购房诚意越大，其购房的急迫性越强。

（4）电话咨询量。最近一定时期（如1个月）买方与经纪人累计的电话咨询量越大，说明买方购房的急迫性越强。

上述指标需综合分析，若某客源的上述指标，同向的越多，代表买方购房的急迫性越强。

【例6-3】经纪人李某带领客户王某实地看房一周后，认为王某购房急切，并将其判定为优质客户。下列情形，可作为王某急切购房的有（　　　）。

A. 王某在下雪天仍坚持看房　　　B. 王某每次都带着全家一起看房

C. 王某每次看房都开车前往　　　D. 王某看房范围是市内中心区域

【解】环境恶劣仍坚持看房，显示客户购房急迫度强；带着全家看房，诚意足，急迫性强。看房交通工具、看房范围无法判断其急于购房。因此，本题答案为 AB。

四、客源分级的方法

经纪人可根据买方最大首付款金额、购买的急迫性，预计买方的成交周期。根据预计成交周期对客户进行分类。在实际业务中，我们通常可以将客源分成3类，从优到差，可以分为 A、B、C 三类。在不同市场、不同区域、不同时期，预计成交周期是有较大差异的，也就是 ABC 三类客源的分类标准不是不变的，而是动态的。有时定义 A 类客户的成交周期不超过 15 天，有时定义 A 类客户的成交周期不超过 30 天，也就是说，分级的标准是根据实际情况确定的。

在这里，我们提供一种可能的客源分级方法，仅作为举例使用，不能视为行业标准。具体分级方法见表 6-2。

客源分级 表6-2

客户类别	预计成交周期
A 类客户	不超过 30 天
B 类客户	超过 30 天，不超过 90 天
C 类客户	超过 90 天

A 类客户最优质，购房意愿强烈，急迫度高，购房实力和需求相匹配。经纪人应紧密跟进，例如，及时推荐房源、反馈同户型成交情况、安抚急迫购房情绪、及时了解最新动态等。

若一个经纪人已经有 3 个以上 A 类客户，建议与所在门店其他客户资源较少的经纪人进行合作。因为一个经纪人跟进过多的 A 类客户，势必难以分配自己的精力，导致 A 类客户流失。

B 类客户比较优质，购房意愿明确，急迫度不高，购房实力和需求相匹配。对于此类客户，经纪人应定期跟进，例如每 3 天联系一次。

C 类客户相对来说距离成交最远，表现的特征是购房意愿不太明确，急迫度不高，购房实力和需求还不太匹配。此类客户重点在于长期培养，不用急着推荐房源，可以定期沟通最近市场变化等内容，激发和明确客户的购房需求。

第三节　存量房交易流程

一、常见的存量房买卖流程

存量房买卖流程可分为房源端流程和客源端流程。以通过商业贷款买房为例，常见的房源端流程：委托卖房→房源登记→查勘拍照→网上展示→接受带看→房源调查→交易谈判→买卖合同签订→接收定金→网签买卖合同→房屋评估→配合贷款面签→

缴税→权属转移登记→接收贷款银行放款→核算费用交付房屋。常见的客源端流程：委托买房→登记需求→带看房源→购房资质审核→交易谈判→买卖合同签订→支付定金→网签买卖合同→申请贷款→贷款面签→贷款批贷→缴税→权属转移登记→办理抵押登记→贷款发放还款开始→核算费用接收房屋。

二、买卖合同签署备件

在签署房屋买卖合同时，经纪人应查看买卖双方的备件，至少包括卖方的身份证明、出售房源的权属证明，以及买方的身份证明。若房源权利人只有 1 人，但为夫妻共有，经纪人还应查看卖方婚姻证明，请权利人的配偶签署《配偶同意出售声明》。

（一）身份证明

对于普通居民，身份证明通常为身份证。对于军人，身份证明为军官证、军警身份证、身份证与军官证一致证明。对于武警，身份证明为武警证、警官证。对于香港地区或澳门地区居民，身份证明为港澳居民来往内地通行证或港澳居民身份证或港澳居民居住证。对于台湾地区居民，身份证明为台湾居民来往大陆通行证或台湾居民居住证。对于外国居民，身份证明为护照。对于婚姻证明，不同的情形有不同的证明资料。对于已婚，提供结婚证。对于未婚，使户口本的婚姻状态与实际婚姻状态一致，即未婚。对于离婚，有两种方式：①在户口所在地的民政部门办理离婚，提供离婚证与离婚协议书；②经法院判决或调解离婚，一审判决离婚的，提供判决书及生效证明；二审判决离婚的，提供判决书。调解离婚的，提供调解书及生效证明。对于丧偶，提供配偶的死亡证明。

值得注意的是，户口本上也有婚姻状况的记录，当实际婚姻状况与户口本上婚姻状况不一致时，应变更一致，否则将影响过户及税费。

（二）房屋权属证明

（1）房屋所有权证，是指在房地产登记职责由房地产管理部门划归自然资源部门之前，由房地产管理部门颁发的确认房屋产权的证书。

（2）不动产权证书，是指房地产登记职责由房地产管理部门划归自然资源管理部门、实施不动产统一登记后，由不动产登记部门颁发的确认房屋产权的证书。

（3）购房合同，是指房屋所有权人与前卖方或房地产开发企业签署的房屋买卖合同。

（4）购房发票及契税票，是指房屋所有权人购买该房屋缴税时，由税务部门开具的增值税普通发票（俗称房款发票）或契税票。

数字化时代的房地产经纪理论与实务

三、买卖合同签署中的代理

卖方 / 买方因故不能亲自签署房屋买卖合同，可办理委托代理，由受托人（即代理人）代为办理。在授权委托书上，委托人应签名，受托人可以签名，也可以不签名。

授权委托书内容至少包括：委托人和受托人的基本信息、接受委托事项、接受委托期限、委托人与受托人本人签名或盖章。委托书可以是手写的，也可以是经过公证的。

在实际操作中，需核实《授权委托书》的真实性：①针对手写的《授权委托书》，应在签约前与卖方 / 买方本人取得联系，核实委托的真实性，并留存核实的电话录音或视频证据。②针对公证的《授权委托书》，可联系公证处确认《授权委托书》的真实性，并联系委托人本人核实是否要撤销委托。

此外，还应核实《授权委托书》内容，确定授权内容和授权期限，防止受托人超出权限范围和期限办理。要求代理人出具卖方 / 买方的身份证复印件以及代理人自己的身份证原件。

代理人代理卖方出售房屋，但未能提供卖方亲笔签署的委托书。代理人签署的《房屋买卖合同》需要经卖方本人书面追认，追认的期限是 30 天。在追认期间，卖方本人未作表示的，视为拒绝追认，代理人签署的《房屋买卖合同》为无效合同；对被代理人不发生效力，买方代理人也是如此。

若代理人没有卖方出具的《授权委托书》，则经纪人可要求代理人出具《代理人关于代理权的承诺书》，承诺其有卖方的委托，并保证如果因为委托权限造成的一切法律责任由其本人承担。但是仅仅有《代理人关于代理权的承诺书》，事后卖方又没有追认，则代理人签署的房屋买卖合同是无效的。

依据《房地产经纪管理办法》，若房地产经纪公司做的经纪业务为居间业务，则应保证与交易房屋无任何利害关系。因此，房地产经纪人在居间业务中，不能作为卖方或者买方的代理人签署《房屋买卖合同》。

四、买卖合同签署中的共有

（一）多个卖方共有

（1）夫妻共同共有。房屋登记在一人名下，权利人一人签署合同。基于夫妻共同共有，需要权利人配偶签署《配偶同意出售证明》。

（2）夫妻按份共有。房屋登记在两人名下，要求两人到场签署合同；若其中 1 人不能到场，需要不能到场的共有人出具《共有权人同意出售证明》。到场的产权人在房屋买卖合同上签署自己的姓名，同时代理共有权人签名。例如，张三、李四均为卖方，张三到场，李四未到场、出具《共有权人同意出售证明》，则合同的签名处可写成"张三、李四（张三代）"。

（3）非夫妻多人按份共有。房屋登记在多人名下，要求全部权利人及其配偶到场签署合同；若有部分按份共有人不能到场，需要不能到场的共有人出具《共有权人同意出售证明》。若按份共有权利人配偶不能到场，需要权利人配偶出具《配偶同意出售证明》。合同签名方式与"夫妻共同共有和夫妻按份共有"相同。

（二）卖方是未成年人和监护人共有

出售未成年人和监护人名下共有的房屋，未成年人应当有监护人。父母是未成年子女的法定监护人，需到公证处办理监护公证。

签署房屋买卖合同时，未成年人可以不到场，但其监护人必须到场；签字时"出卖人"处签署未成年人姓名（监护人代）+ 监护人姓名，"代理人"处签署监护人姓名。

（三）多个买方共同购房

不管是夫妻关系、亲属关系，还是男女朋友关系，甚至无任何关系的人均可合资购入房地产。在签署房屋买卖合同时，已婚购入房地产，但是房屋登记在一方名下，签约时只需一方到场即可；若不动产权证书需要登记所有出资人（包括夫妻关系）的姓名，需所有出资人到场，若不能到场需做委托，提供授权委托书。

（四）夫妻一方私自出售共有房屋

《中华人民共和国民法典》无处分权人将不动产或者动产转让给受让人的，所有权人有权追回；除法律另有规定外。符合下列情形的，受让人取得该不动产或者动产的所有权：（一）受让人受让该不动产或者动产时是善意；（二）以合理的价格转让；（三）转让的不动产或者动产依照法律规定应当登记的已经登记，不需要登记的已经交付给受让人。

《最高人民法院关于适用〈中华人民共和国民法典〉物权编的解释（一）》中关于善意的规定为：受让人受让不动产或者动产时，不知道转让人无处分权，且无重大过失的，应当认定受让人为善意。以下情形认定不动产受让人知道转让人无处分权：（一）登记簿上存在有效的异议登记；（二）预告登记有效期内，未经预告登记的权利人同意；（三）登记簿上已经记载司法机关或者行政机关依法裁定、决定查封或者以其他形式限制不动产权利的有关事项；（四）受让人知道登记簿上记载的权利主体错误；（五）受让人知道他人已经依法享有不动产物权。关于"重大过失"的认定，受让人受让动产时，交易的对象、场所或者时机等不符合交易习惯的，应当认定受让人具有重大过失。

《最高人民法院关于适用〈中华人民共和国民法典〉婚姻家庭编的解释（一）》中第二十八条规定，一方未经另一方同意出售夫妻共同所有的房屋，第三人善意购买、支付合理对价并已办理不动产登记，另一方主张追回该房屋的，人民法院不予支持。

也就是说，夫妻一方私自卖房符合同时下列三个条件，买卖合同有效，另一方无权追回该房屋：①购买人是善意的；②成交价格是合理并已支付的；③完成产权登记手续。如果夫妻一方私自卖房，但还未办理产权登记手续，另一方可依据房屋为夫妻共有，请求法院判决房屋买卖合同无效，追回该房屋。

五、买卖合同签署中的主体非完全民事行为能力

（一）卖方是未成年人

未成年人属于无／限制民事行为能力的人，不能单独出售其房屋，需由其监护人代为出售。未成年的监护人出售未成年人名下房屋的前提必须是保证被监护人利益。

出售未成年人名下房屋，应当有监护人。父母是未成年子女的法定监护人，并到公证处办理监护公证。

签署房屋买卖合同时，未成年人可以不到场，但其监护人必须到场。注意事项：①合同中有代理人一行的，"出卖人"处签署未成年人姓名后加括号备注监护人姓名，比如张晓亮（化名）为未成年人，张亮（化名）为监护人，可写成张晓亮（张亮代）；"代理人"处签署监护人姓名。②合同中无代理人一行的，直接在"出卖人"处签署未成年人姓名后加括号备注监护人姓名，比如张晓亮为未成年人，张亮为监护人，可写成张晓亮（张亮代）。

（二）买方是未成年人

未成年人为无／限制民事行为能力人，不能单独买房，需要其监护人出面代其购房。

签署房屋买卖合同时，未成年人可以不到场，但其监护人必须到场。注意事项：①合同中有代理人一行的，"买受人"处签署未成年人姓名后加括号备注监护人姓名，比如张晓亮为未成年人，张亮为监护人，可写成张晓亮（张亮代）；"代理人"处签署监护人姓名。②合同中无代理人一行的，直接在"买受人"处签署未成年人姓名后加括号备注监护人姓名，比如张晓亮为未成年人，张亮为监护人，可写成张晓亮（张亮代）。

（三）卖方是高龄老人

高龄老人出卖房屋时，经纪人应与其直接沟通，判断老人的精神状况和认知能力是否正常。若有异常，应第一时间联系其亲属了解具体情况，暂缓签署《房屋买卖合

同》。如经确认，卖方为无/限制民事行为能力人，则应按照无/限制民事行为能力人出售房屋的要求进行操作。

因高龄卖方突发意外的风险（如重病、丧失行为能力或去世）较高，为避免签约后出现合同纠纷，经纪人应建议高龄卖方在签约后办理售房委托公证手续，将售房事宜委托给其具备完全民事行为能力的成年子女代为办理，并在委托书中明确写明"委托期限至委托事项全部办理完毕为止"。

必须注意的是，如卖方在生前办理了售房委托公证但尚未签署《房屋买卖合同》，其去世后代理人不能持授权委托书直接签署合同，应按照继承房屋交易流程进行操作。

（四）卖方是精神病人

精神病人属于无/限制民事行为能力的人，不能单独出售，需由其监护人代为出售。出售精神病人名下房屋的前提必须是保证被监护人利益。

出售精神病人名下房屋，应当有监护人，由法院判定精神病人为无/限制民事行为能力人，并由法院指定监护人。监护人持法院判决书、身份证明等到公证处办理监护公证。

签署房屋买卖合同时，精神病人可以不到场，但其监护人必须到场。注意事项：①合同中有代理人一行的，"出卖人"处签署精神病人姓名后加括号备注监护人姓名，比如张三为精神病人，李四为监护人，可写成张三（李四代）；"代理人"处签署监护人姓名。②合同中无代理人一行的，直接在"出卖人"处签署精神病人姓名后加括号备注监护人姓名，比如张三为精神病人，李四为监护人，可写成张三（李四代）。

第四节　存量房交易资金

一、交易资金类别及支付

（一）定金

买方支付定金是为了保证买卖双方合同的履行而自愿约定的一种担保形式，即当事人在合同订立前或支付房款前，由买方向卖方支付一定数额的金钱。定金数额由买卖双方协商约定，但不得超过房屋成交总价的20%。

定金可以一次支付，也可以分笔支付。在签署房屋买卖合同时，经纪人应建议买方向卖方支付一笔定金，以约束买卖双方继续履行合同。

（二）首付款

首付款是房屋购买时的预付款。因为有最低首付款比例，所以首付款不应少于总房价的一定比例，计算方法如下：

首付款＝成交总价－定金－贷款金额－物业交割保证金－户口迁出保证金。其中，交易单为全款的，贷款金额为零。

首付款可以一次支付，也可以分笔支付。支付的时间节点，介于买卖合同签署之后、权属转移登记之前，具体支付时间点由买卖双方在买卖合同中约定。

（三）资金监管金额

资金监管，是为了保障买卖双方的交易资金安全，买方并不会把房款转进卖方个人账户，而是存入资金监管账户，待权属转移登记后再将购房款划转卖方账户。

（四）贷款金额

贷款金额＝成交总价－定金－首付款－物业交割保证金－户口迁出保证金。需要指出的是，贷款金额由银行负责放款。经纪人可向买卖双方说明以往的放款时效，但不得对其进行承诺。

在签约时，若业主或客户咨询银行不批准贷款的解决办法，有下列处理方案供选择：①买方自行筹齐，转移登记前支付；②再次向其他银行申请贷款；③买卖双方协商解约。

对于银行不足额批贷的情形，有下列处理办法：①买方自行筹齐差额部分，转移登记前支付；②再次向其他银行申请贷款；③变更付款方式，例如由公积金贷款变更为商业贷款；④买卖双方协商解约。

（五）物业交割保证金

物业交割保证金，是为了避免卖方拖欠居住相关费用（包括物业费、供暖费、水电燃气等费用）或恶意损害房屋，买方在向卖方支付房款时会预留一部分尾款，待卖方结清所有居住相关费用、按照约定时间及条件移交该房屋以及确认房屋无明显损坏后再支付给卖方的价款。

物业交割保证金的额度由买卖双方约定，一般规定是，不超过房屋成交价的 5%。支付的时间节点应同时满足下列条件：①完成权属转移登记；②买卖双方签署《物业交割确认书》。买卖双方另行约定的除外。

（六）户口迁出保证金

户口迁出保证金，是为了避免卖方不及时办理户口迁出，导致买方权益受损，买方在向卖方支付房款时会预留一部分尾款，待卖方办理完户口迁出后再支付给卖方的价款。

户口迁出保证金的额度由买卖双方约定，一般规定是，不应超过房屋成交价的10%。户口迁出保证金支付的时间节点应同时满足下列条件：①完成权属转移登记；②买卖双方签署《户口迁出确认书》。买卖双方另行约定的除外。

二、房屋交易中的时间节点

（一）定金和首付款支付时间

定金和首付款支付时间由买卖双方协商约定，且应当明确具体的日期。不能只约定前提条件，但对前提条件不约定具体时间。例如，签署房屋买卖合同的时间是 2019 年 9 月 1 日，可约定第 1 笔定金 2019 年 9 月 2 日前支付，第 1 笔首付款 2019 年 10 月 1 日前支付。不能约定第 1 笔首付款支付时间为网签合同后 5 日内，但又不约定具体的网签合同时间。

（二）房屋权属转移登记时间

房屋权属转移登记时间很重要，对于卖方来说，拿到首付款最迟的时间就与房屋权属转移登记时间密切相关，同时也可能是再次获得购房资格的时间。对于买方来说，获得房屋所有权最早的时间是房屋权属转移登记时间。买卖双方签署房屋买卖合同时，一定要审慎确认房屋权属转移登记时间。

（三）贷款发放时间

对于通过贷款交易的房屋，卖方特别关心贷款发放的时间。实际中，贷款发放时间受多种因素影响，如国家政策调整、银行额度临时收紧、抵押登记时效等，经纪人在接受买卖双方咨询时，可根据过往的经验提供参考意见，不能对贷款发放时间给出明确承诺（城市已经推出服务承诺的除外）。

三、交易资金若干特殊问题

（一）关于合同约定的违约金

买卖双方签订《房屋买卖合同》后，若房价上涨，出卖人拒绝继续履行合同的，买方可向法院提起诉讼要求解除合同并主张合同约定的违约金。

法院在认定违约金时，将综合考虑买方因房价上涨增加的购房成本、丧失的订约机会、违约人的过错程度等因素，公平合理予以确定。

根据法律规定，合同约定的违约金低于或高于造成损失的，当事人可要求法院予以适当增加或减少。

因此，法院最终判决的违约金数额可能高于、也可能低于合同约定的全部违约金。

（二）经纪人能否承诺贷款利率和金额

申请贷款的合同，由贷款银行和买方签署，贷款银行根据国家政策、买方资质、信用、收入、房屋状况等决定贷款金额和利率，经纪人只能根据以往的交易情况进行说明，但不能对具体的利率和金额做出承诺。

（三）连环单的买卖合同是否相互关联

合同具有相对性，连环单中每份买卖合同都是独立的，任何一份合同的生效或履行都不以另外一份合同生效和履行为条件。因此买方不能因为出售房屋的房款不能及时收回而不履行与卖方签订的买卖合同。如果买方以此为由拒不履行与出卖人签订的买卖合同，则构成违约。

（四）代办服务和金融服务不能与经纪服务捆绑

依据《房地产经纪管理办法》第十七条规定，房地产经纪机构提供代办贷款、代办房地产登记等其他服务的，应当向委托人说明服务内容、收费标准等情况，经委托人同意后，另行签订合同。

因此，房地产经纪服务和延伸服务，是分开收费的，应分别签署委托合同。提供房地产经纪服务、房地产经纪延伸服务的公司，可以是一家，也可以是分两家各自承接。

值得注意的是，依据《关于加强房地产中介管理促进行业健康发展的意见》（建房〔2016〕168号）规定，提供代办产权过户、贷款等服务的，应当由委托人自愿选择。中介机构不得强迫委托人选择其指定的金融机构，不得将金融服务与其他服务捆绑。

第五节　交易房屋

一、交易房屋的识别

（一）住宅和非住宅的识别

交易房屋是住宅还是非住宅，可按照下列办法识别：①查看房屋所有权证或不动产权证书；②查看原始购房合同；③到不动产登记中心查询房屋档案。

（二）公寓性质的识别

公寓是住宅还是非住宅，可以按照下列办法识别：①查看土地使用年限，土地使用年限是70年的一般是住宅，土地使用年限是40年或50年的，一般是非住宅，即商业或办公用房；②到不动产登记中心查询房屋档案。

【例6-4】经纪人松某，通过校招刚入职某房地产经纪公司，现学习住宅和非住宅的识别方法。关于住宅和非住宅识别的方法，下列正确的是（　　　　）。

A.查看房屋所有权证或不动产权证书　B.查看原始购房合同

C.查看物业费发票　　　　　　　　D.到不动产登记中心查询房屋档案

【解】房屋可能是商品房、已购公房、经济适用房等。房屋的性质，可以按照下列办法识别：①查看房屋所有权证或不动产权证书；②查看原始购房合同；③到不动产登记中心查询房屋档案。因此，本题答案为 ABD。

（三）房屋性质的识别

房屋可能是商品房、已购公房、经济适用住房、按照经济适用住房管理的房屋等。房屋的性质，可以按照下列办法识别：①查看房屋所有权证或不动产权证书；②查看原始购房合同；③到不动产登记中心查询房屋档案。

（四）土地是出让还是划拨的识别

对于土地的取得方式，是出让还是划拨，可以按照下列办法识别：①查看房屋所有权证或不动产权证书；②不动产权证书记载不清晰的，到不动产登记中心查询房屋档案。

在"房屋所有权证"上，有"房屋性质""规划用途""土地使用权取得方式"等栏目，房屋性质主要记载的内容主要有：商品房、已购公有住房、经济适用住房、按照经济适用住房管理的房屋、限价商品住房等。规划用途主要记载住宅、办公、商业、工业、别墅、公寓等。土地使用权取得方式主要记载出让、划拨等。

不动产权证书上的权利性质、用途主要记载的内容与房屋所有权证对应的房屋性质、规划用途相同。

二、正常交易的房屋

（1）商品房，包括商品住房、商品商业用房、商品办公用房，是指通过出让方式取得土地使用权后开发建设的以市场价出售的房屋。

（2）已购公有住房，指按照国家房改政策，单位职工按成本价、标准价或优惠价购买的原产权属于单位的公有住房。

（3）经济适用住房，是指已经列入国家计划，由城市政府组织房地产开发企业或者集资建房单位建造，以微利价向城镇中低收入家庭出售的住房。

（4）二类经济适用住房，包括但不限于具有回迁性质或康居、安居性质的房屋，按照经济适用住房管理的房屋。

（5）限价商品住房，即"限套型、限房价"的商品住房，是指经政府批准建设的中低价位、中小套型普通商品住房。限价商品住房购房人取得房屋权属证书后5年内不得转让所购住房；5年后转让的，应补缴土地价款，并经当地房地产管理部门批准。

三、禁止交易的房屋

（1）交易房屋为违章建筑的；

（2）交易房屋为公有住房（承租房、公租房、廉租房）的，或部分产权为公有的（共有产权住房）；

（3）交易房屋为集体产权房（乡产、军产、校产房）的；

（4）交易房屋签约前被查封的；

（5）不满5年的经济适用住房、两限房和竞限房；

（6）交易房屋涉及诉讼，判决书未下发，法院未出具判决生效书的；

（7）买卖双方约定不办理权属转移登记，全程采用委托公证方式办理各项房屋买卖手续的。

四、容易被查封的房屋

在实际操作过程中，常见的查封房屋有以下8种情形：

（1）诉前保全的房屋：诉前财产保全属于应急性的保全措施，目的是保护利害关系人不致遭受无法弥补的损失。

（2）产权不明导致的纠纷：即房屋权利人不清晰或者有多个权利人互相之间产生纠纷。

（3）交易房屋为一房多卖：即出卖人先后或同时以多个买卖合同，将同一特定的房屋出卖给不同的买受人。

（4）交易房屋存在高额抵押：如房主急需用钱，将自己的房子抵押变现，而高额抵押在资不抵债的情况下，房子会被查封。

（5）权利人涉及债务纠纷较多。

（6）权利人涉及恶意转移、变卖房地产。

（7）交易过程中，权利人有违法行为。

（8）在执行案件中，权利人暂无履行能力或无其他可供执行财产的。

五、限制交易的房屋

（一）交易房屋已抵押

1. 正常抵押

（1）卖方原来购买房屋时，通过办理商业贷款或公积金贷款或组合贷款方式完成，且交易时贷款尚未结清。

（2）卖方以要出售的房屋为债务或贷款提供担保，房屋交易时，债务未结清或担保未结束。上述情况通常办理了抵押登记，通过查看不动产权证书上的抵押登记公章能清晰识别。

2. 多重抵押

卖方交易的房屋被设定了多个抵押权，可能有贷款机构的抵押、金融公司的抵押、担保公司的抵押甚至个人的抵押，要特别留意抵押的总金额，以及这些抵押是否办理了登记以及办理抵押登记的时间。

同一财产向两个以上债权人抵押的，拍卖、变卖抵押物所得的价款按照以下规定清偿：抵押合同登记生效的，按照抵押物登记时间的先后顺序清偿；登记时间相同的，按照债权比例清偿。

3. 隐性抵押

这种抵押通常不办理抵押登记，不能直接识别，该类抵押通常基于不好公开的情形而产生，例如抵债等。债权方通常的做法是控制不动产权证书的原件，进而对该房屋的交易产生实质影响。在交易时，若卖方到场，但是不动产权证书被他人控制，卖方本人无话语权，应考虑是否存在隐性抵押。

在房屋交易前，一定要查询房屋的权属，确认是否有抵押、抵押权人、抵押金额、是否为多重抵押、是否有隐性抵押等。

对于有抵押的房屋，买卖双方签署的房屋买卖合同是有效的，但是不解除抵押不能办理不动产转移登记手续（即过户）。

对于有抵押的房屋，需要卖方明确还清该房屋剩余贷款的具体时间，以及办理解除抵押登记手续的具体时间。

卖方解押所需的资金，可以是自筹，也可以是买方提供的首付款。对于买方提供首付款用于解押的，其首付款资金应专款专用或者担保支付。

若买方直接把钱给卖方，可能会面临两种风险：①卖方不止有一笔贷款，首付已交付，但房子的贷款仍未还清，陷入两难境地。②卖方挪用首付款：卖方并没有如约去办理解抵押手续，而是把钱用作他处，甚至会提出再给一笔房款去解抵押的无理要求。

对于已抵押房屋剩余贷款金额超过房屋成交价 80% 的，要特别防范交易风险，对于大额定金（超过 10 万元）以及首付款应进行资金监管。

（二）已抵押房屋签署买卖合同的注意事项

（1）抵押权人为银行的，应具体到某银行某分行某支行，例如中国工商银行北京分行东城支行。

（2）抵押权人为个人的，应填写姓名与身份证号，且不能同时是买受人。

（3）通过公积金办理贷款的，抵押权人按照不动产登记证明记载的名称填写。

（4）抵押权人为担保公司的，应写担保公司全称。

（三）交易房屋已出租

1. 已出租房屋签署买卖合同的注意事项

依据《民法典》第七百二十六条："出租人出卖租赁房屋的，应当在出卖之前的合理期限内通知承租人，承租人享有以同等条件优先购买的权利；但是，房屋按份共有人行使优先购买权或出租人将房屋出卖给近亲属的除外。出租人履行通知义务后，承租人在十五日内未明确表示购买的，视为承租人放弃优先购买权。"对于承租人放弃优先购买权利的，应提供书面的《承租人放弃优先购买权声明》。

经纪人应依据签署买卖合同时交易房屋的实际状况如实填写合同，如房屋已被出租，应选择"房屋已出租"，并在合同中另行约定租赁期限和租金、押金的处理方式。

在签署《房屋买卖合同》时，如房屋已出租，即使卖方承诺自行解除租赁合同或租赁合同即将到期，经纪人也不能在买卖合同中的"房屋出租状况"处选择"未出租"。

2. 买卖已出租房屋需要注意的若干问题

若承租人提供了书面的《承租人放弃优先购买权声明》，租赁房屋在租赁期间发生了所有权变动，不影响租赁合同效力，承租人有权依据原租赁合同继续居住该房屋，也就是常说的"买卖不破租赁"。

若出租人出卖已出租房屋，未在合理期限内通知承租人或者存在侵害承租人优先购买权情形，承租人有权要求出租人承担赔偿责任，但无权否定出租人与第三人签订的房屋买卖合同效力。

若承租人放弃优先购买，购房买方要求在租赁合同届满前清退承租人，则需要与出卖人明确租赁期限、具体交房日期，以及租赁违约所产生的费用金额以及由买方还是卖方承担。

3. 签署《承租人放弃优先购买权声明》的规范性

交易房屋只有承租人的，由承租人签署《承租人放弃优先购买权声明》。

交易房屋有承租人和次承租人（转租后的承租人）的，承租人和次承租人均需签署《承租人放弃优先购买权声明》。

交易房屋有代理公司的，若代理公司为出租人的代理人，则代理公司无需签署《承租人放弃优先购买权声明》；若代理公司为承租人的，例如长租公寓，则代理公司也需签署《承租人放弃优先购买权声明》。

4. 不予支持承租人优先购买的情形

有下列情形之一，承租人主张优先购买房屋的，人民法院不予支持：①房屋共有人行使优先购买权的；②出租人将房屋出卖给近亲属，包括配偶、父母、子女、兄弟姐妹、祖父母、外祖父母、孙子女、外孙子女的；③出租人履行通知义务后，承租人在 15 日内未明确表示购买的；④第三人善意购买租赁房屋并已经办理登记手续的。

（四）未取得不动产权证书的交易房屋

1. 无法办理不动产权证书的情形

（1）违章违规建筑：①利用集体所有土地开发的房地产项目（小产权房）；②未经立项批准或私自变更立项的项目；③未取得规划审批的项目；④私自变更规划的项目；⑤私自改变土地用途的项目；⑥没有销售许可证无不动产权证的房屋；⑦未经验收或验收不合格的房屋。

（2）土地、房屋被有关部门司法查封的。

（3）暂时无法取得不动产权证书。

上述情形中（1）和（2）是不能上市的。

2. 暂时无法取得不动产权证书房屋的出售

暂时没有取得不动产权证书的房屋，是因为流程、手续等原因而不是违法违规等原因暂时未能取得不动产权证的，是可以买卖的。

对于卖方不能提供不动产权证书的，有证明资料证明不动产权证书能按照预定时间办理完毕，可认定为可上市交易。

六、交易房屋若干其他问题

（一）交易房屋发生过非自然死亡事件

签署《房屋买卖合同》前，若交易房屋中发生过非自然死亡事件，经纪人应如实告知买方。若买方拒绝购买，可推荐其他房源；若买方不介意，应在《房屋买卖合同》

中写明"出卖人及居间方已经明确告知买受人交易房屋于××××年×月×日发生过自杀／他杀／意外死亡事件，买受人已充分知晓并自愿购买交易房屋，如因此引起的任何争议和纠纷，由买受人承担，与居间方无关"。

（二）卖方逾期不搬出房屋，买方能否清户

不能。因为卖方尚未交房，房屋的占有尚未发生转移，买方不能够自行清户，否则由此导致的人身损害、财产损失需由买方承担。买方可向人民法院起诉，要求卖方交付房屋。

（三）关于户口迁出的约定

对于户口迁出问题，不同的情形有不同的处理方式：①对于卖方表示，交易房屋中已经没有户口的，经纪人在签约前应前往房屋所在地派出所核实户口是否全部迁出情况；②对于房屋中有户口的，卖方应承诺迁出户口的具体时间，并在合同中按约定填写。例如在权属转移登记之后30日内。

对于卖方逾期不迁出户口，经纪人可向卖方说明逾期迁出户口的违约责任，同时可以向出卖人发出履约催告函。若经催告后，卖方仍不迁出户口的，可建议买方依据合同约定索要违约金，或者以诉讼方式要求卖方承担逾期迁出户口的责任。

户口迁移属于国家行政机关管理范畴，不属于法院受理的范围，一般法院都不会受理买方单独就户口迁移提起的诉讼。当买卖合同双方因户口迁移问题产生纠纷起诉至法院时，法院不会强制迁出户口。

第七章

新房买卖

从事存量房经纪业务的经纪人也可以从事新房买卖业务。为做好新房买卖业务，经纪人应熟悉和掌握商品房销售及新房经纪业务相关知识。为此，本章主要介绍新房类型、新房作业流程、新房销售相关知识等。

第一节　房源

一、新建商品房销售类型

（一）预售与现售

新建商品房销售类型可以分为商品房预售与商品房现售两大类。

1. 商品房预售

商品房预售是指房地产开发企业将正在建设中的房屋预先出售给承购人，双方签订《商品房预售合同》，由承购人支付定金或房价款的行为。

商品房预售应当符合下列条件：

（1）已交付全部土地使用权出让金，取得土地使用权证书；

（2）持有建设工程规划许可证和施工许可证；

（3）按提供预售的商品房计算，投入开发建设的资金达到工程建设总投资的25% 以上，并已经确定施工进度和竣工交付日期；

（4）获得房地产管理部门预售许可，取得《商品房预售许可证》。未取得《商品房预售许可证》的，不得进行商品房预售。

2. 商品房现售

商品房现售，是指房地产开发企业将竣工验收合格的商品房出售给购房人，双方签订《商品房销售合同》，并由购房人支付房价款的行为。

商品房现售应当符合下列条件：

（1）现售商品房的房地产开发企业应当具有企业法人营业执照和房地产开发企业资质证书；

（2）取得土地使用权证书或者使用土地的批准文件；

（3）持有建设工程规划许可证和施工许可证；

（4）已通过竣工验收；

（5）拆迁安置已经落实；

（6）供水、供电、供热、燃气、通信等配套基础设施具备交付使用条件，其他配套基础设施和公共设施具备交付使用条件或者已确定施工进度和交付日期；

（7）物业管理方案已经落实。

（二）期房、准现房、现房

与商品房销售类型相对应的，新房可以分为期房、准现房和现房。三者的区别主要体现在房屋建造情况、购房合同、入住时间、配套设施、房屋实物、房屋价格、风险指数等方面。

（1）建造情况：还未开建或正在建设中的是期房，快要封顶的是准现房，已经竣工验收合格并可以交付使用的为现房。

（2）购房合同：期房和准现房签的是《商品房预售合同》，现房签的是《商品房销售合同》。

（3）入住时间：期房、准现房和现房的入住时间是依次递进的关系。现房可以即买即住；准现房是需要等一段时间才能入住，比期房的等待时间短；而期房可能需要等待一年乃至更长时间才能入住。

（4）配套设施：现房的配套设施比较成熟，对于已建好的配套设施，可以通过亲身体验来判断好坏；准现房的配套设施一般都在建设进行中，但能知道开发企业承诺的配套设施正在落地；而期房只能靠看沙盘和置业顾问的讲解，不一定能实现。

（5）房屋实物：现房的质量、户型、楼间距、采光、通风、面积等都是真实存在的，购房者可以亲身检查。比如可以通过早上和晚上来观察采光，也可以通过雨天检查房屋是否漏水。而准现房和期房也只能看沙盘或样板间，或是置业顾问的讲解来自己想象。

（6）房屋价格：一般情况下现房的房价比准现房和期房的价格要高一些，准现房与期房的房价，受市场、地段的影响较大。通常准现房与期房的优惠力度比现房大。

（7）风险指数：现房的风险指数较低，准现房次之，期房较高。因为现房和准现房的所有东西，差不多都是看得见、摸得着的东西，能够通过视觉和触觉来判断好坏。而期房的所有细节都是不确定的，比如开发企业资金断裂、延期交房等问题。

（三）购买期房的好处和风险

1. 购买期房的好处

（1）先期预购，户型、位置利于选择：由于预订的是未竣工的房屋，销售工作刚刚开始，开发项目的所有户型都有，朝向好的户型也在其中，购房者有了比较大的选择余地。

（2）价格能给予较大的优惠。开发企业开发一个楼盘一般需要1~2年的时间，甚至更长。为了及时收回资金，开发企业为快速去化，对购买期房的客户会给予较大的优惠。

2.购买期房的风险

（1）房屋质量风险。开发企业为追逐更大利润，可能使用劣质材料或者偷工减料，随意降低工程质量标准，以致造成地基下沉、屋顶漏水、管道渗漏等质量问题。

（2）面积缩水风险。开发企业改变建筑面积、加大公摊面积，并且不明示公摊面积的数量和计算方法，以致商品房实际面积与销售面积严重不符。

（3）虚假广告宣传风险。开发企业的售楼广告与实际情况差异巨大，开发企业交付的房子与其宣传的品质大相径庭。

（4）规划变更风险。开发企业擅自变更规划设计，在配套设施、绿地、容积率、环境设施等方面随意改动，例如将小区中本是绿地的地方改作他用，有的加建新楼，有的变成了停车场。

（5）产权风险。开发企业以各种借口拒绝，拖延办理不动产权证书，致使许多消费者入住后迟迟拿不到不动产权证书。

（6）合同以及合同条款无效的风险。消费者因为信息不对称，导致对格式合同条款中存在的问题无法察觉也无法更改，以致在发生纠纷时可能被法院判决合同相应条款无效。

（7）延期交房风险。开发企业的资金问题（开发资金不到位、抽逃资金、挪用售房资金等）、工程管理问题等原因，有的延迟交房、甚至不能交房，以致消费者的利益受损。

（四）尾房

尾房是指一个楼盘项目，销售到最后，还未卖出去的房源。需要注意的是，并不是所有的尾房都是被挑剩下、质量不好的房子，也有可能是开发商前期预留或待售的实体样板间，尾房能不能买需要综合考虑尾房的质量、配套、环境、价格等因素。

尾房的优势主要在于价格相对较低，且配套成熟，由于前期已有业主入住，小区环境和居住舒适度、周边配套、物业管理等均方便考察。但是尾房的可选择性较少，采光、通风、户型设计可能会出现问题。

二、新建商品房评价指标

1.容积率

容积率是指一定地块内地上总建筑面积与建筑用地面积的比值。容积率，又称建筑面积毛密度，是衡量建设用地使用强度的一项重要指标。容积率越大，对于消费者来说，资源紧缺，居住舒适度低；对于开发企业来说，可出租或出售的住宅越多，单位建筑面积土地成本低。一个良好的居住小区，高层住宅容积率应不超过 5，多层住宅应不超过 3。

【例 7-1】水岸星城小区建筑用地面积 54600m²，其中绿地面积 12000m²，楼体占地面积 16000m²，总建筑面积 65520m²，请计算该小区的容积率。

【解】水岸星城小区的容积率计算如下：

容积率 = 总建筑面积 / 建筑用地面积 =65520/54600=1.2

2. 绿地率与绿化率

绿地率是指一个社区各类绿地面积之和与用地面积的比率。各类绿地主要包括公共绿地、宅旁绿地。绿地率是反映环境质量的一个重要指标。对住宅使用人来说，一般情况下绿地率越高越好。一个良好的居住社区，绿地率不应低于 30%。

开发商宣传楼盘绿化时经常提到绿化率的概念，其实并没有法律和法规依据，可以理解为绿化覆盖率，是社区内绿化种植垂直投影面积与用地面积的比率。同一社区的绿化覆盖率通常高于绿地率。

【例 7-2】某小区总占地面积为 32 万 m²，总建筑面积为 56.32 万 m²，绿地占地面积为 12 万 m²，绿植投影面积为 19.23 万 m²。请计算该小区的绿地率。

【解】该小区的绿地率计算如下：

绿地率 = 各类绿地面积 / 用地面积 =12/32=37.5%

3. 建筑密度

建筑密度是指在一定范围内，建筑物的基底面积总和与占用地面积的比率。建筑密度是反映环境质量的一个重要指标，着重于平面二维的环境需求，保证一定空地和绿地。对住宅使用人来说，一般情况下建筑密度越小越好。一个良好的居住社区，建筑密度不应高于 30%。

4. 楼间距

楼间距是指两相邻楼房之间外墙面的距离。楼间距分为两类：前后间距和左右间距。房屋前后间距：两楼间距不小于前楼高度的 1.2 倍。例如一栋楼房有 18 层，层高 3m，那么这栋楼高就是 54m，两楼之间的间距至少应为 54×1.2=64.8m。房屋左右间距：多层与多层建筑间距为 6m，多层与高层为 9m，高层与高层之间为 13m。一个良好的居住社区，楼间距应高于最低要求。

5. 梯户比

梯户比就是电梯数和每层楼住户数的比例。简单地说，一层楼如果有 2 个电梯，4 户家庭，那么它的梯户比为 2：4。通常来说梯户比率越大，社区档次越高。对于梯户比率相同，户越少越好。例如，一梯两户与两梯四户是两种不同的概念，一梯两户能户户通透，但两梯四户的房子，可能只有边套可以做到南北通透。

6. 居民汽车停车率与车位配比

居民汽车停车率是指居住区内居民汽车的停车数量与居住户数的比率，不应小于 10%。此外，还有地面停车率，是指居民汽车的地面停车位数量与居住户数的比率，不宜超过 10%。对于当前汽车走进千家万户的情形，一个良好的居住社区，居民汽车停车率不应低于 50%。

现实中常用的另外一个概念是车位配比，指的是小区住户的总数量和停车位总数量的比率，一般是用"1：X"来表示。如停车率为 50%，则车位配比为 1：0.5。

7. 住宅配套设施

住宅配套设施是指为城镇居民创造卫生、安全、宁静、舒适的居住环境而必需的住宅附属设施。住宅配套设施是由多系统组成的，按住宅规模分为：

（1）住宅基本生活单元的配套设施。人口规模为 3000 人左右的住宅群，其配套设施应有居民服务站、小商店、文化室、儿童游乐场等。

（2）住宅小区的配套设施。人口规模在 1 万人左右的住宅群，其配套设施包括托儿所、幼儿园、小学、中学、储蓄所、邮电所、运动场、粮店、百货店、副食品店、菜店、饮食店、理发店、小修理门市部、综合商店、自行车棚、废物回收站、居委会、变电所、公共厕所、垃圾站等。

（3）居住区的配套设施。人口规模在 4 万 ~5 万人，其配套设施包括医院、门诊部、银行、办事处、邮电支局、电影院、科技文化馆、青少年之家、运动场，以及与生活有关的商店、街道办事处、派出所、商业管理机构等。

三、房地产开发企业评价指标

（一）资质等级

房地产开发企业的资质等级，是判断其是否有实力的参考依据。依据《房地产开发企业资质管理规定》，资质等级划分为一级、二级、三级、四级 4 个级别，其中级别最高的是一级。通常情况下，房地产开发企业的资质等级越高，其开发的商品房社区越优质。

（二）口碑

口碑好的开发企业一定会有过人之处。经纪人可以在网上搜索开发企业的相关新闻，也可以询问行业专家了解开发企业的口碑情况。通常情况下，开发企业的口碑越好，其开发的商品房社区越优质。

（三）是否上市

已经上市的开发企业至少得到了证监会的认可。当然，对都已上市的开发企业，可以查看总市值、年度总营业收入、年度总利润等指标。通常情况下，已经上市、总市值、年度总营业收入、年度总利润越高的开发企业，其开发的商品房社区越优质。

（四）已建工程质量

开发企业之前建设的工程质量是判断在建工程质量的重要参考依据。通常情况下，之前建设的工程质量的品质越高，那么有理由相信在建的商品房社区也越优质。

第二节　客源

一、新房增客渠道

（一）一二手联动合作客

除了明确自述购房需求为新房的客户外，经纪人可以通过一二手联动的形式，更好地满足客户的购房需求。这一增客渠道需主要关注：

（1）卖方业主：随着"房住不炒"政策的日益深化，为改善居住需求而出现的"连环单"会大概率提升，很多资深经纪人会选择陪同面访，在店内组建一二手合作客的"黄金搭档"，通过协同访谈的形式，与业主建立专业、诚实的沟通基础，同时更加深入了解卖方客户是否存在换房需求。

（2）租赁客户：租赁客户往往随着住房需求的变化而产生购房需求，和租赁经纪人合作维护好租赁客户也是新房增客的途径之一。

（3）"3+1"带看法则：与门店的存量房经纪人做好配合，在客户看完三套二手房源但仍没有成交意向时，尝试推荐一套总价匹配的新房，时刻为联动带看做好准备。

（二）"种子"客户

成交客户是对经纪人服务品质的最佳代言人，通过服务中的直接接触获得的信赖是经纪人的宝贵资源。经纪人依托信赖建立稳固的客户关系网，老客户常常会为经纪人介绍新客户。

人们往往更愿意和亲朋好友等同一社交圈层的人居住的较近，因而区别于普通的"老带新"，新房由于库存量大，房源同质性较高，因此演化出一种独有的上客渠道——"种子客户"。一个客户成交后，在一个很短的时间、例如 1~2 周内，会带动身边 2~3 个、甚至更多的潜在成交。这样的客户称之为"种子客户"。

"种子客户"的维护依托于诚实而专业的服务、持续长期的积累，维护得当可以带来连环式的业绩增长。经纪人需要把握好带看及售后这两个商机转化的两个重要场景，观察、记录、提炼每个客户的真正需求和卖点，找准时机，适时引导，将其转换成独一无二的服务体验。

（三）新房线上客

除了线下客户，新房线上商机也是重要的客户来源，客户在网上浏览新房后，可以通过线上和经纪人发生交互。

线上商机类型包括：客户 400 电话咨询、客户在线咨询（IM 聊天）、客户留资客卡推送、客户 VR 咨询、新房直播等方式。高效利用商机，将获取的商机转化为客户的带看和成交，是新居住时代经纪人获取线上客户的重要途径。

二、客户邀约

（一）客户约访及逻辑

1. 客户约访

客户约访是与客户接触的第一步，是指经纪人通过网络、门店接待、电话、老客户介绍等方式，与拟购买新房的客户取得联系后，与客户约定实地查看新房项目的时间、地点和方式。具体注意事项如下：

（1）使用标准用语，态度应亲切，使用标准普通话及用语回答问题。如为电话联系，经纪人应在电话响三声内接听电话。

（2）注意收集客户信息。信息收集涵盖姓名、联系方式、工作区域、认知渠道。

（3）约访时应卖点突出。沟通过程中，收集整理客户关注点，突出房屋卖点。

（4）邀约到访。明确到访时间，并告知行车路线。注意通话时长 3min 内为佳。

（5）发送短信。接过咨询电话 10min 内发送短信给客户。

2. 客户逻辑

邀约时要注重客户逻辑，针对客户需求进行侧重讲解和推荐，才能提升约访成功率。

（1）不同客户不同侧重点：对老客户、新客户、租赁客户、卖房业主的邀约要根据不同类型的客户特点，有针对性地进行邀约。

（2）准备好替代盘进行备选和联动。

（二）线上客户邀约

互联网时代，经纪人通过线上商机获客是更为常见和有效的，日常线上商机处理较多，因此线上客源提效是经纪人提升作业效率非常重要的环节。针对线上客户邀约，还有特殊的注意事项：

1. 线上应答流程

应答客户的线上咨询通常需要如下步骤：（及时应答客户咨询—）优秀的开场白—介绍客户咨询的楼盘—了解客户购房需求—针对客户需求推荐拟带看楼盘—需求总结与带看邀约—获取客户授权—结束语。具体注意事项如下：

（1）响应要及时。不同响应时间下，客户愿意继续跟经纪人交谈的概率不一样，交谈概率意味着转化概率，越快响应，客户会继续沟通的概率越大，1分钟内响应的，客户有75%都会继续沟通。

（2）聊天思路要清晰。要根据客户的不同聊天状态调整自己的聊天方向，如果客户对推荐的房源满意，要记得同时适当地推销自己，获取客户的联系方式或者委托授权，尽可能形成线下带看；如果客户对房源不满意，就要通过备选房源进行替代盘推荐。不论如何，对于项目的熟悉是经纪人介绍的前提。值得注意的是，建议推荐的楼盘不要超过3个，否则可能反而增加客户的选择难度。经纪人要在获取客户需求的同时，尽可能推荐符合客户需求的房源，有侧重性地进行卖点介绍。通过介绍项目与客户深入沟通，逐步建立信任。

（3）优秀的开场白。开场白是经纪人与客户交互的第一张名片，介绍水平决定了客户对经纪人的第一印象。数据表明，平均每位客户会咨询2~3名经纪人，开场白中铺垫专业性，有利于增加与客户的黏性，体现自身价值。

（4）完美的结束语。好的服务在于有始有终，一个完美的结束语可以给客户留下一个想见你一面或者再次沟通的印象，有利于转化商机。

2. 主动获取客户联系方式或委托授权

无论哪种线上商机，经纪人和客户都属于未见面的状态，如果不能获取客户的联系方式，就无法掌握联系客户的主动权，后续的服务动作也无从谈起。因此，经纪人在接触客户并简单了解客户的购房需求之后，应当主动地获取客户的联系方式。

第三节　新房销售代理

一、房地产开发流程

通常情况下，房地产开发将经历以下步骤：项目立项调研→土地取得→项目规划→工程建设→项目销售→物业管理→项目运营（商业地产涉及）。

（1）项目立项调研：首先进行地块选择与调研，并结合企业战略、经济效益等因素进行该地块土地价值的判断；

（2）土地取得：开发商通过招、拍、挂的形式获得土地使用权；

（3）项目规划：一般分为总规阶段和深化阶段。总规阶段主要呈现总平面图、各项指标、各楼座平立剖面图、外立面效果图，确定建筑四角坐标。深化阶段要呈现整个项目的施工蓝图。项目规划获批并取得《建设工程规划许可证》后，原则上不得修改；

（4）工程建设：一般分为土方工程、基础施工、主体施工、结构封顶、屋面工程、装修、竣工等阶段；

（5）项目销售：项目销售一般可以采用开发商自销形式，也可以选择代理形式，有些项目根据企业战略、市场及销售情况选择启用渠道和分销，并结合以上形式进行销售；

（6）物业管理：交房入住后，进入常规的物业管理阶段，物业公司一般负责对房屋及配套的设施设备和相关场地进行维修、养护、管理，维护物业管理区域内的环境卫生和相关秩序；

（7）项目运营：商业地产项目运营可分为销售、开发商自持招商租赁等不同形式。一般住宅不涉及项目运营环节。

二、商品房销售代理及其特点

新建商品房销售代理是指开发商将开发建设的房地产项目委托给专业的房地产经纪机构代为销售的一种方式。房地产销售工作一般在项目开始时就启动，代理商通常会介入房地产项目开发经营的全过程，甚至从项目立项调研阶段就开始提供服务。由于开发商属于企业客户，且通常具有较雄厚的资金实力和较多的房地产专业人员，因此房地产经纪机构在从事此类业务时，对专业要求高，至少需要可行性研究、产品定位、客户定位、经济测算、市场调研、推广策略、定价策略等方面的专业人才。

传统上，房地产经纪机构要么主要作为代理商经营新建商品房经纪业务，要么主要经营存量房经纪业务。但近年来，部分原来主要从事存量房经纪业务的房地产经纪机构，利用庞大的经纪门店网络来承销新建商品房，开展"渠道"业务，为开发商或者代理商提供带客服务，即渠道经纪人负责把客户带到售楼部，由售楼部的置业顾问负责将客户转化。

新房代理业务的标的通常是一个楼盘或一个楼盘某一部分的批量房地产，因此销售周期比较长，业务稳定性也较强；而从另外一个方面看，其销售对象是分散个体，导致佣金结算复杂，回款周期长，回款难度高。

三、商品房销售代理业务合规条件

根据《商品房销售管理办法》，销售代理应符合下列条件：

（1）实行销售代理必须签订书面委托合同。委托合同应载明委托期限、委托权限以及委托人和被委托人的权利、义务。

（2）受托经纪机构销售商品房时，应向购房人出示商品房"五证"和商品房销售委托书。

（3）受托经纪机构销售商品房时，应如实向买方介绍所代理销售商品房的有关情况，不得代理不符合销售条件的商品房。

（4）经纪机构在代理销售商品房时，不得收取佣金之外的其他费用。

（5）其他法律、法规、规章规定的条件。

第四节　新房作业流程

一、经纪人新房作业主要流程

经纪人在新房作业过程中，通过收集更多的新房项目信息，更深入地了解客户购房需求，进而实现新房成交，通常由下列动作组成：

（1）新房项目空看学习：通过空看学习获取新房项目信息，包括但不限于项目信息类、案场规则类、客户特征类等各类项目信息；

（2）客户获取与新房邀约：通过电话/IM/VR看房/客户进店等途径获取客户并发出带看邀请；

（3）客户报备：通过微信或管理系统根据不同开发商要求进行提前报备查重，获取带看资格；

（4）客户带看与房源匹配：通过对项目价值的讲解了解客户需求，通过客户需求匹配合适楼盘；

（5）客户维护与签约成交：帮助客户梳理需求，根据客户需求的完成匹配，协助客户成交。

二、项目空看

（一）空看的定义

空看是指经纪人为了解房地产区位状况和实物状况，先于客户查看房屋的行为。在经纪人新房作业过程中，高质量的空看尤为重要。从经纪人的角度来看，这是项目的启动环节，是开始接触客户之前必要的准备工作。经纪人自行实地看房，对楼盘的深入学习、了解，提升自身的专业能力，对建立客户信任与增强经纪人带看自信有很大帮助。

空看时需要学习与采集的信息包括：

（1）项目基础信息类：如历史成交数据、开发企业、周边配套、项目规划、绿化率、得房率等；

（2）项目规则类：确客及报备条件、成交佣金等；

（3）客户类：成交案例分享、带看及获客建议、客户地图、成交客户画像等。

（二）空看流程

了解空看全流程，不仅仅是听听沙盘和样板间说辞，还有实勘、获取资料等环节。

（1）提前获取项目信息。先行预习项目重点信息，有助于经纪人带着问题去空看，可以更深入地了解项目内容。

（2）项目内部听置业顾问讲解沙盘。了解区域特色、开发企业与设计理念、项目规划与销售楼栋、户型设计等内容。

（3）实勘样板间与展示区。清晰了解带看动线、户型及楼栋分布、位置、面积区间、是否装修、交付标准、楼盘园林与绿化情况、是否人车分流等项目细节。

（4）实勘项目周边配套。实地考察项目周边生活配套设施，体验各类配套设施与

项目的实际距离，对应沙盘讲解内容，思考与客户生活的关联。

（5）了解项目主力销售产品。学习后需要落到具体的房源上，获取特价/热销房源表，了解热销户型的面积对应总价区间及户型解析。

（6）熟悉案场带看流程及确客规则。新房业务在带看前，必须熟知不同项目的确客规则，确保客户归属。

三、新房带看

（一）带看的定义

带看即带客看房，是指经纪人带客户到房屋现场，检查、观察委托房屋区位和实物状况。俗话说"百闻不如一见""眼见为实"，由于房屋具有独一无二的特性，带看是经纪人促成房地产交易不可省略的工作步骤。

对房屋进行实地查看，有利于客户确认房屋真实存在，亲身感受房屋的区位状况、实物状况和服务管理状况，以及周边环境、交通、配套状况，从而熟悉和掌握文字、图纸、照片等资料难以反映的细节。

（二）带看流程及注意事项

1. 带看前准备

（1）了解客户情况：①购房决策人。若决策人在场，可以根据现场看房情况，在满足客户购房需求的情况下协助客户进行购房决策；若决策人不在场，应提醒客户看房过程中多拍视频照片，让客户回家给决策人看，准备项目介绍信息。②到访人数。根据到访人数决定带看人数，带看人数最多比到访人数多一人，保证既不给客户压迫感，又保证客户看房质量。③看房时间。根据客户看房情况合理规划时间邀约看房。④资金情况。根据客户资金情况为客户匹配合适的项目。⑤购房目的。根据客户购房需求合理匹配可满足客户所需的项目房屋。

（2）与客户约定好看房时间与见面地点：经纪人作为开发企业的销售渠道，是客户的开发者，也是客户邀约的第一权利人，因此带看前应约定见面时间、地点。

（3）确定带看项目与联动带看项目：准备的联动盘应为项目周边新房项目，且总价相当；同时应注意规划各个联动盘之间的乘车路线，争取带看实现一带多看，节约客户时间，提升带看效率。

（4）了解项目最新动态与案场情况：项目最新动态包括在售房源量、在售户型种类、优惠政策、已经成交情况，以及项目周边国家性福利设施和已开始动工的交通、医院、学校、大型商业等在建的配套设施等。案场动态包括案场目前人流量、案场活动等案场信息，并将案场动态提前告知客户，为接下来可能出现的问题做准备。

（5）提前根据项目要求进行报备：带看前案场会确认客户是否具备带访条件。需要注意的是，每个案场的确客制度是不同的，带看前一定要提前了解。

2. 带看中要求

（1）带看顺序：带看顺序需综合客户看房路线方便程度、项目与客户需求匹配度来确定。

（2）带看交流：交流内容可以为区域发展、开发商与项目特色、国家政策、市场趋势、经纪人执业经历等；需要注意的是：①带看中讲解一定为代入式讲解，给客户一个更好的购房感受；②案场会遇到的情况一定先和客户铺垫，否则会造成客户心里落差大；③带看中不要造成冷场，切记哑铃式带看，了解客户需求时不要一直连续提问；④要给客户进行场景式讲解，从每个房间的装修布局，到层高、长、宽的合理性等细节诠释到位。

（3）与项目置业顾问做好配合：如实客观介绍客户情况、合情合理告知客户需求、客户的一些特殊情况和爱好。向客户补充遗漏信息，了解客户真实想法以帮助客户解决疑虑。

3. 带看后跟进

（1）请客户评价：在看完每个项目后，可以马上询问客户对项目的感觉，请客户打分，以便第一时间了解客户看房感受。

（2）请客户回门店：回到经纪门店后，可以就客户看的几个项目和户型，进行综合性分析比较，也可与其他网上房源进行比较，如所带看新房均无法满足客户购房需求，还可以找到备选盘或与存量房源进行联动。

（3）确定下次带看时间：在送走客户时和客户确定下次见面看房的时间，可以了解客户最近时间安排以及看房急迫性，以便做好充足的准备。

（三）带看的常见错误

1. 过于迁就客户

客户购房时，通常是比较犹豫和谨慎的，这就需要经纪人去推动。因此，约客看房时，经纪人应适当坚持，直接给出可供选择的具体时间点；对于一些好的房源，更应直接向客户说明第一时间看房的重要性。

2. 见面不知如何沟通

与客户见面，不知如何沟通的表现主要有：①害怕、怯场、自信心不足，担心不能承担如此大额的交易。②不知道讲什么。由于专业知识不足，或者与陌生人接触不多，因而不能营造轻松愉快的谈话氛围。③不敢介绍。因为担心讲得越多错得越多，往往保持沉默，甚至出现冷场。④不知如何提问。很多经验不足的经纪人只会询问需要何种类型的房屋、购房的预算等。对于其他有价值的问题，不知从何谈起。⑤容易让客户带着话题走，不知如何反驳客户的偏执观念。

3. 看房过程中不了解客户真正需求

实地看房，是一个很好了解客户真正需求的机会，不容错过或者浪费。客户的需求包括：①价格、面积和户型；②购房的动机；③支付方式；④目前的资金预算；⑤还款压力等。

（四）新房 VR 带看

随着线上技术的不断发展，线上 VR 带看功能也在逐步完善，经纪人可以通过 VR 对客户进行线上带看。

1. VR 看房功能

主要包含 720° VR 全景沉浸式漫游（可放大缩小）、三维模型（可放大缩小旋转和点击直接进入 VR 全景）、框线户型图（展示功能间格局、名称和当前所在位置，点击可直接进入 VR 全景）、标尺（展示房屋长宽高，可选择打开或关闭）、VR 眼镜模式等功能。

不仅如此，在 VR 房间中还可以查看如下内容：①楼盘基本信息；②楼盘讲解视频；③楼盘周边配套、交通；④楼盘照片；⑤楼栋分布（3D 楼书）。

2. VR 带看的优势

（1）效率提升

与传统作业方式相比，VR 作业具有时间成本低、交通成本低、沟通成本低、带看成功率高等特点，相当于线上首次带看，线下见面复看。对于客户而言，可以足不出户完成初步房源筛选，过滤无效房源，提升看房效率。VR 带看也可降低经纪人的带看成本。

（2）打破时空限制

对客户来说，投入大量时间、精力，却可能挑不到自己喜欢的房子。同时，线下作业方式也经常面临着恶劣天气约客难、客户复看邀约难，开盘排队现场火爆人员不好控制等问题。VR 带看可以高效解决这些因为时间、天气等影响带看的因素。

（3）1∶1 真实还原

VR 带看帮助客户在沉浸式体验中全面了解：楼盘户型、装修以及房屋深度、空间尺寸等多元信息，获取比照片、文字更直观、更丰富的信息。

让用户同时享受由经纪人提供的选房服务，以及对楼盘的户型、交通、配套、物业等多维度信息进行的深度解读，问题及时解答。

（4）精准匹配

VR 看房的本质效果是提升客户找房、经纪人为客户匹配房源的效率，并不会取代线下看房，而是起到促进带看的质与量的作用，从而提升整体作业效率。通过线上VR 带看，深入了解客户的购房需求，可以更好地为客户匹配房源。

（5）打破距离界限

VR 带看更适合远距离带看，效率更高，价值更大。可以协助经纪人实现一个家庭同时多人在异地同看，离城区远的新盘带看以及跨城合作带看。

四、项目讲解

（一）讲盘的定义

项目讲解俗称讲盘，是指用得体的语言，按照一定逻辑顺序向购房者清晰地介绍房源相关信息，并突出项目卖点，从而调动购房者的积极性。讲盘是客户了解房源信息的关键一环，因此经纪人在讲盘时需做到：扎实地了解楼盘信息，具备清晰的讲盘逻辑，具备得体的言语沟通表达能力，突出楼盘卖点介绍。

讲盘的主要内容包括：

（1）区位。项目所处的位置、区域的发展规划及利好、距离标志建筑物的距离。

（2）交通。涵盖已有交通和在建交通，包括轨道交通、公交路线、自驾路线等。

（3）配套。①商业，包括现在及未来规划内的周边商场、休闲娱乐大型配套设施、商务综合体配套；②医疗，需了解医院名称、规模、医院等级、医疗特色；③学校，需了解学校名称、师资力量、办学特色、入学条件等；④公园 / 景点，需了解名称、特点、开放时间、距离等。

（4）产品本身。①开发企业，需介绍开发企业名称、资质、优势、做过的项目等；②物业，包括物业名称、收费标准、物业资质、特色服务等；③小区环境，主要是小区绿化，包括绿化率、绿化特色（园林 / 水系特点）、景观理念、儿童 / 老人活动专区等；④户型，主要是户型分布、户型介绍、主力户型、户型优缺点等；⑤价格，需介绍项目均价、总价、定金、优惠、首付周期等。

（5）卖点。卖点需为盘源自身优势，换句话说，如果所有的卖点都称之为"卖点"，那这个楼盘就没有了核心卖点；且卖点需引人注目。

（6）联动。联动也常被叫作"一带多看"，即除主推项目外，另外介绍和该项目价位或区位相匹配的上、下游盘，供客户进行对比，也方便经纪人在带看过程中了解客户真实的购房需求。由于在实际作业中，经纪人不能仅针对单一楼盘强制推荐，客户也不一定会对经纪人推荐的项目产生购买欲望，因此经纪人需要准备好联动盘作为候选，帮助客户选择到最心仪的楼盘。联动盘介绍时需着重介绍清楚上下游盘与主推盘之间的差异性与核心卖点，以帮助客户匹配更适合的楼盘。

（7）客户描摹。在讲盘过程中经纪人需了解客户信息，包括：①客户画像，涵盖客户群体、工作情况、年龄段等；②客户所在区域，涵盖居住地、项目距离、交通便利情况等。讲盘时也可针对推荐项目的客户画像和客户进行介绍，方便客户了解项目的已购业主圈层分布，便于进一步决策。

（二）楼盘分类

1. 基础盘

住宅是为了满足人们居住的需要而建造，周边有为了居民生活需要而建的一些设备设施如医院学校等。基础盘主要面对的对象为刚需和小改善群体，针对不同群体，讲盘侧重点也不同。

（1）刚需群体的特点为：①关注首付和购房总价；②配套以及周边都不太了解，需要详细讲解；③关注经纪人推荐的房源能否满足核心需求点；④关注性价比。

因此讲盘时侧重点为：①讲盘逻辑由大到小，突出优势，顺序为区位→配套→项目→样板间；②楼盘的位置、配套的公园、餐饮、银行、地铁等；③楼盘的属性，是商品房还是商住房，价位处于中档还是便宜等。

（2）小改善群体的特点为：①关注生活品质（小区环境＋圈层质量）；②核算改善成本；③有购房经历，更关注细节；④购房急迫度相对较低。

因此讲盘时侧重点为：①讲解小区居住体验、描述居住的舒适度（文化、体育活动）；②讲解小区的绿化、环境、容积率（描绘绿化的感受）；③讲解开发企业的品牌及建筑理念（该开发企业还建过哪些有知名度的楼盘）；④讲解物业的管理和增值服务（是否代收快递、代缴水电费）；⑤讲解户型优势。

2. 高端楼盘

高端楼盘一般占有着独特的资源，或是优越的城市地段，交通便利、配套完善；或是美好的自然景观环境，够水准的服务体系。购买高端盘群体的特点为：①关注楼盘的品质、地段的优势；②关注价值；③高水准的服务标准；④有购房经历，特别关注细节；⑤购房急迫度相对较低。

因此讲盘时侧重点为：①该楼盘的品质；②该楼盘的特有服务；③购买该楼盘业主的圈层。

五、认购签约

（一）认购签约流程

新房认购签约的基本流程是：客户洽谈锁定房源→核实销控，确定此房可售→客户提交资料，填写资料和认购书→根据相关资料录入住房和城乡建设委员会（简称住建委）网站认购→客户交纳定金，领取收据→到达约定时间客户补齐首付→网签备案。

经纪人认购前需要再次核对客户的报备、带看单等客户信息与客户认购时登记的姓名、电话是否一致，以保证确客环节顺利进行。

（二）成交后维护

通常来讲，经纪人帮助客户选择到合适的房源且客户认购后，经纪人的工作就告一段落了，经纪人可以在客户认购或成销后获得新房业绩，商品房买卖合同的签订、交房、验房、产权办理等后续环节都由开发商协助完成，但好的经纪人都会全程陪伴，成交不意味着结束，往往是一个全新阶段的开始，客户、房主的身份在悄然间发生着转换，好的成交客户维护，会给经纪人带来更多收益。成交后维护的内容主要包括：

（1）流程告知：草签／网签等各个流程节点提前告知，提醒提前准备所需资料；

（2）协调对接：和销售保持良好的沟通，及时同步客户信息和动态；

（3）兑现承诺：例如无理由退房等客户承诺；

（4）全程陪同：一方面可以增强信任，另一方面可以做好品质服务；

（5）长期互动：通过个人情感维护，了解客户实时需求，争取转化为种子客户。

第五节　新房销售相关知识

一、新房专业名词

（一）沙盘

沙盘是一种建筑模型，根据地形图、航空像片或实地地形，按一定的比例关系，用泥沙、兵棋和其他材料堆制的模型。在新房交易中，看沙盘主要包括查看区位沙盘、项目沙盘、户型沙盘。

1.区位沙盘

区位沙盘通常指的是售楼处介绍楼盘地理位置及周边配套设施的展示沙盘。在区位沙盘上，会标出楼盘项目的具体位置，周边有亮点、有特色的配套设施，如休闲娱乐配套、商业配套、金融配套、教育配套、医疗配套或交通配套。

2. 项目沙盘

项目沙盘通常指的是售楼处介绍小区具体情况的沙盘，包括整个小区的楼栋数、朝向、楼间距，以及小区内的道路规划、停车位、绿化环境、建筑风格等。

3. 户型沙盘

户型沙盘指的是将一个楼盘的户型做成模型展示给购房者的沙盘。通常情况下，购房者需要着重关注户型沙盘的户型形状、功能分区及面积使用率。

（二）样板间

样板间是指开发企业对建成的商品房精心装修后用作展示的房屋。样板间是一个楼盘的脸面，其好坏直接影响房子的销售。样板间有两种类型：一种是临时样板间，这类样板间里配有精美的家具、漂亮的灯饰、华丽的洁具，等到房子盖好后，大多和售楼处一起拆掉。另一种是"实体"样板间，这类样板间一般是按照交房标准进行了精装修，到清盘阶段可以直接卖给购房者。

（三）开盘

开盘是指楼盘建设中取得了商品房预售/销售许可后，可以合法对外宣传预/销售，为正式推向市场所进行的一个盛大的活动。

传统开盘模式为线下营销，开发企业开盘选房的流程一般包括：确定选房顺序→客户候场→工作人员叫号→正式选房→填写认购书。客户选中房号后，销控人员销控房号，客户交纳定金，同时与开发企业签订《认购协议》。选房顺序越靠前，选到自己心仪房源的几率越大。按照选房顺序确定的方式，可分为直接开盘、排号开盘和摇号开盘。

（1）直接开盘：客户在指定时期内到场自行排队，根据客户在到场排队的顺序确定选房顺序。

（2）排号开盘：根据客户交纳诚意金的顺序确定客户在开盘时的选房顺序。

（3）摇号开盘：客户提前交纳诚意金后取得开发企业开具的《诚意金收据》及相关协议书，开发企业在公证人员监督下、根据协议书编号进行摇号，以此确定客户选房顺序号。

近年来，开发企业也较多使用在线开盘模式，利用互联网平台，把传统线下的开盘方式搬到线上。客户在看房时完成认筹，开盘时可直接通过手机登录指定的在线开盘平台进行选房，无需到场排队。

（四）认筹

认筹是开发企业在销售楼盘过程中的一种促销手段。取得预售/销售许可后，一般情况下，开发企业会以购房优惠，如一万抵三万等方式，吸引购房者缴纳一定金额的诚意金。在楼盘正式开盘前，开发企业会通知参加认筹的客户到场，同时在开盘时具有优先选房的权利。

通常在开盘环节，客户前期缴纳的认筹金会随着房源的选定，自动升级为定金。未选定房源且放弃购买的客户，认筹金可退。需要特别强调的是，认筹合法的前提是先取得商品房预售/销售许可。

（五）订房

订房一般采用非示范文本合同，主要用于短期内保留房源，内容少，一般仅约定订金金额和购房房号。签订后，购房者可以主张撤销，退回订金。在实际流程中，一般在认购之前进行。

（六）认购

认购是指出卖人与购房人在签订合同前先行签订认购书，就房屋买卖有关事宜进行初步确认，并收取一定数量的定金作为订立商品房买卖合同的担保。认购书主要内容包括购房房号、购房面积、定金数额、签约时间及总房款等，在法理上，一般称之为预约合同。签订预约合同的目的是约束双方订立本约。现实中常见的形式有：认购书、定购协议、预定协议等。

（七）五证两书

房地产开发企业销售商品房时应具备"五证"（图7-1），即指《国有土地使用证》《建设用地规划许可证》《建设工程规划许可证》《建筑工程施工许可证》《商品房销售（预售）许可证》。《商品房销售（预售）许可证》的销售（预售）范围为本项目可销售楼盘。

房地产开发企业交付商品房时应提供"两书"，即《住宅质量保证书》和《住宅使用说明书》。"两书"还可以作为商品房买卖合同的补充约定，是房地产开发企业承担商品住宅质量责任的法律文件和保证文件。在《住宅质量保证书》中，应约定保修范围、保修期限、保修责任等。保修期从商品房交付之日起计算。

二、开发企业销售合规要求

（一）商品房合规交付

（1）应当按照合同约定，将符合交付使用条件的商品房按期交付购房人。未能按

图 7-1　五证两书示意图

时交付的，房地产开发企业应当承担违约责任。房地产开发企业销售商品房时设置样板房的，应当说明实际交付的商品房质量、设备及装修与样板房是否一致。

（2）向购房人提供《住宅质量保证书》和《住宅使用说明书》。

（3）应当在交付使用前按项目委托具有房产测绘资格的单位实施测绘，测绘成果报房地产行政主管部门审核后用于房屋权属登记。

（4）协助购房人办理土地使用权变更和房屋所有权登记手续。

（二）商品房销售禁止行为

（1）在未解除商品房买卖合同前，将作为合同标的物的商品房再行销售给他人，即"一房二卖"。

（2）采取返本销售或者变相返本销售的方式销售商品房。返本销售，是指房地产开发企业以定期向购房人返还购房款的方式销售商品房的行为。返本销售策略，就是将现价提高，在若干年后将本金归还购房人。销售者靠这些本金的利息获利，是融资的一种方式。

（3）采取售后包租或者变相售后包租的方式销售未竣工商品房。售后包租，是指房地产开发企业在销售商品房时与购房人约定，在出售后的一定期限内由该房地产开发企业以代理出租的方式进行包租，以包租期间的租金冲抵部分销售价款或偿付一定租金回报的行为。

（4）分割拆零销售商品住宅，未按套销售。

（5）在取得商品房预售许可前，以认购、认筹、预订、排号、售卡等方式向购房人收取或者变相收取定金、预订款、诚意金等费用。

（6）未按政府备案价格要求销售商品房，或者以附加条件限制购房人合法权利（如捆绑车位、装修）等方式，变相实行价外加价。

（7）利用合同格式条款，免除自身法定义务、加重购房人责任、排除购房人合法权利。

（8）未标明房源销售状态、销售价等违反明码标价规定的行为。

三、购房人收房常见问题

（一）商品房面积误差

房地产开发企业交付使用的套内建筑面积或者建筑面积，与商品房买卖合同约定面积不符，合同有约定的，按照约定处理；合同没有约定或者约定不明确的，按照以下原则处理：

面积误差比绝对值在 3% 以内（含 3%），按照合同约定的价格据实计算，购房人请求解除合同的，人民法院不予支持。

面积误差比绝对值超出 3%，购房人请求解除合同的、返还已付购房款及利息的，人民法院应予支持。购房人同意继续履行合同，房屋实际面积大于合同约定面积的，面积误差比绝对值在 3% 以内（含 3%）部分的房价款由购房人按照约定的价格补足，面积误差比绝对值超出 3% 部分的房价款由房地产开发企业承担，所有权归购房人；房屋实测面积小于合同约定面积，面积误差比绝对值在 3% 以内（含 3%）部分的房价款及利息由房地产开发企业返还购房人，面积误差比绝对值超出 3% 的部分房价款由出卖人双倍返还购房人。

面积误差比 =（产权登记面积 − 合同约定面积）/ 合同约定面积

【例 7-3】客户黄某，通过经纪人钱某购买了一套新建商品房，合同约定面积为 110m²，并支付了全部房款。取得不动产权证书后，发现产权登记面积为 115m²。若商品房价格为 12000 元 /m²，黄某同意继续履行买卖合同，请计算黄某应向开发企业支付的金额。

【解】该笔交易的面积误差比绝对值为：

面积误差比 =（115−110）/110=4.5%

面积误差比绝对值超过 3%，因此黄某只需支付在 3% 以内的购房款，超出 3% 部分由开发企业承担，具体计算如下：

黄聪支付金额 =110×3%×12000=39600 元。

(二)商品房项目质量不合格

商品房交付使用后，购房人认为主体结构质量不合格的，可以向工程质量监督单位申请重新核验。经核验，确属主体结构质量不合格的，购房人有权退房，终止房屋买卖关系。也有权采取其他办法，如双方协商换房等，选择退房还是换房，权利在消费者。给购房人造成损失的，房地产开发企业应当依法承担赔偿责任。

(三)商品房层高缩水

层高缩水，是指交付的商品房层高与合同约定的层高不一致并且偏低。在商品房买卖合同纠纷中，由于"层高缩水"问题导致的业主与开发企业的纠纷越来越多。层高一旦缩水，很难让开发企业恢复到约定高度，只能让开发企业赔偿损失。因此购房人首先要从合同中做好预防工作：①可要求开发企业把房屋平面图作为合同的附件，并标注层高与净高的详细高度；②在购房合同中明确开发企业的违约责任、赔偿方法与金额。

四、新房交易资金主要类型

（一）订金

订金通常被理解为预付款，无论是卖方违约还是买方违约，收取订金的一方只需如数退还，不存在双倍返还或被守约方没收的问题。与订金类似的还有认筹金、意向金、诚意金、预订款、订约金等。

新房交易过程中，买方确认购买房屋并选取房屋后，会缴纳订金。依据成交房屋的总成交价及买方现有资金情况，订金金额不等，比如1万、3万、5万、10万元不等。

（二）定金

买方支付定金是为了保证买卖双方合同的履行而自愿约定的一种担保形式，即当事人在合同订立前或支付房款前，由买方向卖方支付一定数额的金钱。定金数额通常由开发商设定，但不得超过房屋成交总价的20%。

定金可以一次支付，也可以分笔支付。在签署《认购书》时，客户根据开发商业要求支付的定金金额为准。

（三）首付款

首付款是房屋购买时的预付款。因为有最低首付款比例，所以首付款不应少于总房价的一定比例，通常情况下，首付款应在总房价的20%以上（最终首付比例按照当地银行按揭政策确定）。

首付款可以按照下列公式计算：首付款 = 成交总价 − 贷款金额 − 定金。

首付款的支付时间节点，通常与签订商品房买卖合同的时间相同，具体支付时间点通常在《认购书》中约定。

值得注意的是，首付款支付的早晚，涉及资金的时间价值。相同金额的首付款，支付时间越早，实际价值越大；支付时间越晚，价值越低。例如，首付款100万元，月利率0.5%，1个月之后支付，需要达到100.5万元，才是等值的。

（四）贷款金额

当购房人选择贷款买房时，贷款金额 = 成交价 − 首付款 − 定金。需要指出的是，购买新房的贷款银行通常为开发商指定的银行，贷款由银行负责发放。

第八章

房地产交易服务

房地产交易是十分复杂的，不仅需要房源客源匹配、带领客户实地看房、撮合谈判、签署买卖合同，还需要审核购房人资格、办理购房贷款、缴纳税费、办理权属转移登记等。因为全国各地政策的差异，本章以北京为例，介绍北京市购房资格审核、办理购房贷款、缴纳税费、办理权属转移登记有关知识。

第一节　北京市购房资格审核

一、北京市住房限购政策概述

在北京市，影响住房购买套数的因素有：①家庭户籍，可分为北京市户籍家庭和非北京市户籍家庭；②婚姻状况，可分为已婚与未婚、离异、丧偶；③在京已有住房套数。

北京市发布住房限购政策后，首先明确下列四点：①不论什么家庭，最多只能购买 2 套住房；②单身（含未婚、离异、丧偶）家庭最多只能购买 1 套住房；③满足条件的非北京市户籍家庭，最多只能购买 1 套住房；④不满足条件的非北京市户籍家庭，不能在北京市购买住房。满足条件的非北京市户籍家庭，是指持有本市有效居住证、在本市没有住房，且连续 60 个月（含）以上在本市缴纳社会保险或个人所得税的非本市户籍居民家庭。

二、北京市户籍家庭与非户籍家庭

下列家庭，可以视为北京市户籍家庭：

（1）居民家庭成员中至少有一个人具有北京市户籍的家庭。

（2）居民家庭成员中至少有一个人持有有效《北京市工作居住证》的家庭。《北京市工作居住证》有五种：①北京市工作居住证；②北京市工作居住证（留学人员）；③北京市工作居住证（国内驻京机构人员）；④北京市工作居住证（港澳台高级人才）；⑤北京市海外高层次人才工作居住证。

（3）本人为在京集体户口（学校），其集体户口本首页盖有本市公安局章，且本人页职业一栏显示"博士后"的人员或本人为外地户口，其博士后关系在北京博士后工作站，且可以提供北京居住证的人员，可视为京籍户籍家庭。

（4）驻京部队现役军官和现役武警家庭。该类家庭需要提供军官证、警官证。现役，是指还在兵役期间。志愿兵和士官，不属于军官，也就是持有士官证、士兵证不具有购房资质。

（5）北京市单位集体户口（非北京市户籍人口因就学迁入学校集体户口的，不能视为北京户籍家庭）。

（6）北京户籍未成年子女，其父母或监护人婚姻状况为离异或丧偶的外埠居民，可按北京户籍单身家庭购房对待。

（7）北京户籍未成年子女，其父母或监护人婚姻状况为已婚的外埠居民，可按京籍已婚家庭购房对待。

非北京户籍家庭是指，家庭成员中无人拥有北京户籍或无人可按北京户籍对待的家庭。非北京户籍，但因入学迁入学校集体户口的，购房资质审核时也视为非北京户籍。

非北京户籍家庭在北京购买住房，需要达到一定的条件，具体为：持有本市有效居住证、在本市没有住房，且近期连续 60 个月（含）以上在本市缴纳社会保险或个人所得税。

这里的社会保险，是指近期连续 60 个月（含）以上在本市缴纳社会保险（即养老保险）。说明：因工作调转产生的断缴不超过 3 个月，除此之外，不认可其他类型的补缴的断缴部分。

这里的个人所得税，是指近期连续 60 个月（含）以上在本市缴纳个人所得税（最长断缴不超过 3 个月）。

三、家庭及家庭名下住房套数

（一）家庭成员的定义

家庭成员，是指夫妻双方及未成年子女，成年子女不能计算在内。未成年子女的判定标准：未满 18 周岁。

（二）家庭名下拥有的住房套数计算方式

家庭名下已拥有住房套数：指家庭成员名下独自拥有或与他人共有的成套住房的套数。为了加深理解，可以明确下列 4 点：

（1）居民家庭已拥有住房，包括已经取得不动产权证书的住房和已完成网上签约但尚未取得不动产权证书的住房。

（2）来自不同家庭的 2 人及以上共同拥有一套住房的，各计一套已拥有住房。

（3）认定住房套数时，"认房"必须是北京市内有住房，不在北京市内的住房不包括在内。

（4）北京市建委规划立项中体现为非住宅项目的商品房不计入住房套数，土地使用年限通常为 40 或 50 年。例如：写字楼、商业、办公、厂房、车位、配套公建、仓储等。

【例 8-1】唐某，北京户籍，今年 35 周岁。下列住房，不应认定为唐某家庭住房套数的是（　　）。

A. 唐某购买王某的住房，已网签但未办理权属转移登记

    B. 唐某与姐姐共同继承的爷爷遗留的一套住房

    C. 唐某购买的一个住宅小区车位，并办理了不动产权证书

    D. 唐某在延庆区购买的一套用来出租的住房

【解】选项 A，已办理网签但未取得不动产权证书的房屋属于居民家庭已拥有的房屋；选项 B，继承已登记在名下住房计算住房套数，但直系亲属继承无需办理购房资质审核；选项 D，延庆区也是限购区域，计算住房套数；选项 C，车位是非住宅项目，不计入住房套数。因此，本题正确答案为 C。

四、北京市住房限购政策总结

北京市住房限购政策可以总结见表 8-1。

北京市住房限购政策汇总　　　　　　　　　　　　　　表8-1

家庭户籍	婚姻状况	已有住房套数	还可购买住房套数
北京市户籍	已婚	0	2
		1	1
	单身	0	1
		1	0
满足条件的非北京市户籍	不限	0	1
		1	0
不限	不限	2	0

第二节　网签与资金监管

一、网签的含义

网签即网上签约，是指房屋买卖双方在住建委网上签约系统在线录入《存量房买卖合同》的相关条款内容，做合同备案的过程。

网签的主要作用有：①防止"假房源"；②防止"一房二卖"情况的发生；③加强市场监管，维护市场秩序；④增加房地产市场透明度。

二、网签时买卖双方需要准备的材料

在办理网签时，备件资料可为原件照片或复印件。

（一）需要买方准备的材料

（1）购买人、共同购买人及其配偶身份证件；

（2）购买人家庭户口本，包括首页、本人页、变更页；

（3）婚姻证明；

（4）银行卡（资金监管通过住建委监管的，需要银行卡）；

（5）其他：①持北京市工作居住证的家庭需提供《北京市工作居住证》；②社保或个税满足购房资质的非京籍人士需提供有效的居住登记卡或居住证；③军人或现役武警家庭需提供军官证或警官证；④外籍人士需准备：护照、译本公证；⑤买方为公司需准备：法定代表人身份证、公司营业执照，如果是代理人还需提供委托书、代理人身份证。

（二）卖方需要准备的材料

（1）出卖人及共有权人身份证；

（2）出卖人户口本，包括首页、本人页、变更页；

（3）婚姻证明；

（4）不动产权证；

（5）银行卡（资金监管通过住建委监管的，需要银行卡）；

（6）其他：①央产房需提供《在京中央单位已购住房产权变更通知单》；②若是公司产权，则需提供：不动产权证、营业执照副本加盖公章、法定代表人身份证、委托书加盖公章。

三、网签注意事项

（1）下列房屋不能办理网签：被法院查封的房屋；产权归属不明确的房屋；不满5年的经济适用住房；未办理央产上市登记的央产房；无不动产权证书的房屋。

（2）央产房出售前必须办理《在京中央单位已购住房产权变更登记通知单》，如何区分央产房，可以查看原购房合同。原购房合同上的卖方显示中国或中央的字样或有外交部、农业部、公安部等都视为央产房。

（3）全款、商业贷款：提交网上签约申请，在出带编号的网签合同后，5个工作日内上传买卖双方签字的带编号的网签合同影像。

公积金贷款、组合贷款：提交网上签约申请，在出带编号的网签合同后，当天上传买卖双方签字的带编号的网签合同影像。

规定时效内未上传买卖双方签字页，则网上签约申请失效。

（4）对于离异的客户，需要跟客户确认离婚手续是否办理完毕，是否拿到离婚证和离婚协议。尤其是有孩子的离婚夫妻，一定要确认孩子的归属。此外，户口本的婚姻状况要与实际保持一致。

（5）网签合同中是否抵押，必须根据产权证的实际情况填写。需要注意的是市属公积金及市属组合贷款，有抵押不能出网签，全款／商贷／国管公积金／国管组合，除房山区外有抵押可以出网签。

（6）不动产权证书信息与实际信息不一致，例如楼层、楼号等不一致，必须先到不动产登记中心核验信息并进行信息变更，变更后才可网签；未变更不可网签。

四、资金监管

资金监管，又称第三方监管，是指买方不把房款直接交付给卖方，而是让透明的第三方机构监管资金，保证资金安全的交易模式。交易成功，也就是权属转移登记以后，资金才会划给卖方；交易失败，资金会返还给买方。

对于客户：通过对交易资金进行监管、在完成权属转移登记后再进行资金解冻的流程，规避了业主恶意骗款、资金交割后业主不配合转移登记等风险。

对于业主：交易资金提前划入监管账户，保证客户有足够资金购入房屋，规避了客户中断交易的风险，确保了业主方的正当利益。

五、住建委资金监管的注意事项

（1）自 2018 年 4 月 23 日起，住建委资金监管不再强制办理，但此项监管业务仍继续提供，买卖双方可自行选择资金监管方式。

（2）资金监管录入的备件有：买卖双方的银行卡与身份证复印件（身份证与银行卡复印到一张纸上），银行卡开卡回执单（能确认开卡证件）。

（3）住建委资金监管，所办理的银行卡必须为一类卡：使用军官证开户的银行卡不能做资金监管，必须是办理身份证后开户的本人名下的储蓄卡；所有信用卡、非北京办理的银行卡、工商银行用于缴纳违反交通规则罚款的牡丹灵通卡、建设银行显示"结算通"的银行卡，均不能用于资金监管业务。

（4）资金监管的监管银行，买卖双方必须选择相同的银行，同一家银行的不同支行也可以办理。

（5）因存量房签约系统录入的资金监管的信息需要与银行系统的账户信息进行匹配，信息一致方可生成资金监管协议，如果银行卡开卡信息不一致，则会生成资金监管协议失败。所以资金监管信息录入时，一定要保证银行卡的账号、开户银行、开卡人、开卡证件类型、开卡证件号与银行系统录入的信息一致，才能顺利提交网签。

（6）交易达成，取得新产权证后24小时内，住建委监管资金及利息解冻至卖方预留账户；若交易解除，完成注销网签手续后24小时内将住建委监管资金及利息解冻至买方预留账户。

第三节　个人住房商业性贷款

一、全款购房的基本流程

全款购房是指买方的购房资金全部自筹，不需要贷款的购房行为。全款购房的基本流程如下：

客户资质审核—签署房屋买卖合同—办理网签—资金监管—缴税预审—预约缴税—缴纳税费—预约权属转移登记—办理权属转移登记—领取新不动产权证书—物业交割—监管资金解冻。

全款购房有下列特点：①流程简单，不需要购房人提供收入证明、银行流水等贷款资料；②签后周期短，降低交易中可能出现的纠纷；③房价能有一定幅度的优惠，适合前期资金宽裕的客户；④无贷款利息，债务压力较小。

二、商业贷款购房的基本流程

（一）交易房屋无抵押

客户资质审核—签署房屋买卖合同—办理网签（可同时进行贷款评估）—资金监管—银行面签—批贷—缴税预审—预约缴税—缴纳税费—预约权属转移登记—办理权属转移登记—领取新不动产权证书—首付款解冻—办理抵押登记—银行放款至卖方账户—物业交割—保证金解冻。

（二）交易房屋有抵押

客户资质审核—签署房屋买卖合同—预约还款—还清欠款—注销抵押登记—办理网签（可同时进行贷款评估）—资金监管—银行面签—批贷—缴税预审—预约缴税—缴纳税费—预约权属转移登记—办理权属转移登记—领取新不动产权证书—首付款解冻—办理抵押登记—银行放款至卖方账户—物业交割—保证金解冻。

三、个人住房商业性贷款的常见问题

在经纪业务中，经纪人可能会经常遇到客户问到的问题有：①贷款资格。也就是，购房人是否能申请住房商业贷款？②贷款金额。也就是，购房人能贷多少钱？③贷款期限。也就是，购房人能贷多长时间？④贷款利率。也就是，购房人申请的贷款利率是多少？⑤还款方式和每月还款额。也就是，购房人怎么偿还贷款？每个月需要还多少钱？

四、商业贷款的贷款市场报价利率

贷款市场报价利率（LPR，即 Loan Prime Rate）是商业银行对其最优质客户执行的贷款利率，其他贷款利率可在此基础上加减点生成。贷款市场报价利率的集中报价和发布机制是在报价行自主报出本行贷款市场报价利率的基础上，由指定发布人对报价进行计算，形成报价行的贷款市场报价利率报价的平均利率并对外予以公布。

新的 LPR 由各报价行于每月 20 日（遇节假日顺延）9 时前，以 0.05 个百分点为步长，向全国银行间同业拆借中心提交报价，全国银行间同业拆借中心按去掉最高和最低报价后算术平均，向 0.05% 的整数倍就近取整计算得出 LPR，于当日 9 时30 分公布，公众可在全国银行同业拆借中心和中国人民银行网站查询。

五、银行针对哪些情形会拒贷

（1）虚假贷款申请资料。包括虚假身份证明、虚假收入证明、虚假工资流水、虚假征信记录、虚假婚姻证明、虚假购房合同等。

（2）征信记录非常差。原则上说，近两年内连续三次累计六次的逾期记录，银行就可以拒贷。逾期记录包括信用卡、房贷、车贷等还款逾期情况。

（3）虚假房地产交易。例如，买卖双方为亲属关系，买卖双方为亲密朋友关系，买卖双方为债权债务关系，均有可能被银行视为骗贷行为。

（4）提高房屋评估价。例如，房屋正常评估价 200 万元，首付 60 万元，贷款

140 万元，但买卖双方通过一定手段将房屋评估价提高以获得更多贷款，降低首付成本，甚至实现零首付。

（5）收入证明不符合要求。中国银行业监督管理委员会要求，借款人住房贷款的月房地产支出（总负债）与收入比应控制在 50% 以下（含），也就是收入应至少达到总负债月供的 2 倍。

【例8-2】客户杨某，名下车贷每月还款 1300 元，其余无任何负债记录，现欲通过商业贷款购买碧桂园剑桥郡的一套商品房，该商品房总价 160 万元，月供6000 元。请计算杨某开具收入证明的最低金额。

【解】杨某开具收入证明的最低金额为：

（1300+6000）×2=14600 元

六、北京市个人住房商业性贷款的政策

2017 年 3 月 17 日，北京住房和城乡建设委员会发布了《关于完善商品住房销售和差别化信贷政策的通知》。2019 年 8 月 16 日，中国人民银行发布 2019 年第 15号公告《改革完善贷款市场报价利率（LPR）形成机制》，即日起在新发放的贷款中主要参考贷款市场报价利率定价。按照上述通知，北京市个人住房商业性贷款的政策见表8-2。

北京市个人住房商业性贷款政策 表8-2

房屋性质	房屋套数	最低首付比例	最低利率	贷款年限
普通住房	首套	35%	LPR 加 55 个基点	最长为 25 年
	二套	60%	LPR 加 105 个基点	
非普通住房	首套	40%	LPR 加 55 个基点	
	二套	80%	LPR 加 105 个基点	

基点（BP，即 basic point），万分之一的意思，0.01%。每个银行会在 LPR 利率的基础上增加 BP，具体增加多少根据各个银行自己的内部指标而定。在住房商业贷款中，银行执行的商业贷款利率形成机制为：商业贷款利率＝贷款基础利率（LPR）＋基点（BP）。

例如，目前 5 年期以上的 LPR 是 4.85%，如果贷款利率执行的是 LPR 增加 55个基点，那么所执行的利率就是 4.85%+0.55%=5.4%。

七、首套住房和二套住房

认定住房是首套或二套，有两个部门：一是，银行；二是，不动产登记机构。两个部门的认定标准，有时一致，有时不一致。在贷款环节，按照下列标准认定：

（1）首套房，是指借款人在全国范围内，没有通过贷款购买过住房，也就是无贷款记录；同时还需满足在北京市目前没有住房。

（2）区分首套与二套，是以家庭为单位。在北京市无住房，不仅仅指借款人本人无住房，还包括借款人家庭成员无住房。网签在其家庭成员名下和登记在其家庭成员名下的住房，都认定为家庭拥有的房屋套数。

（3）住房贷款记录的范围是指全国，而不是仅仅包括北京市；不仅包括住房商业贷款记录，还包括住房公积金贷款记录；曾经有过的住房商业贷款或者住房公积金贷款，不论是否结清，都算贷款记录。

（4）贷款购买的房屋是商业或办公用房，不计算贷款记录；以住房为担保物，完成的抵押消费贷或者抵押经营贷，不计算贷款记录。

（5）只统计北京市内的住房，不统计北京市之外的任何房屋；住房的范围包括经济适用房、已购公房、商品住房、平房，不包括商业用房、办公用房。

（6）2017年3月24日之后，借款人离婚不满一年的，申请贷款时，无论是否有贷款记录或有无住房，认定为二套。

（7）购房人本人无固定收入，由其父母担保还款（父母须为在职人员），直接认定为二套贷款。关于首套与二套认定办法，可以总结见表8-3（表内均为"非离异或离异已满1年"）。

北京市首套与二套认定办法汇总　　　　　　　　　　　　表8-3

贷款记录	北京无房	北京有1套房
无贷款记录	首套	二套
有1笔贷款记录，已结清	二套	二套
有1笔贷款记录，未结清	二套	二套
有2笔及以上贷款，记录均已结清	二套	二套
有2笔贷款记录，1笔结清1笔未结清	二套	二套
有2笔及以上贷款，记录均未结清	二套（部分银行拒贷）	二套（部分银行拒贷）

住房套数的认定原则上以北京市住建委系统查询套数结果为准，该表为北京各银行贷款首套、二套认定标准

【例8-3】客户陈某，25周岁，2021年5月28日离异，名下有一套贷款未还清的商铺。2021年12月欲购买海淀区一套普通住宅，在申请个人住房商业贷款时，请说明最低首付成数。

【解】1. 从2017年3月24日之后，借款人离异不满一年的，认定为二套。

2. 贷款购买的房屋是商业或办公用房，不计算贷款记录。

因此，在办理住房商业贷款时，该住宅可视为二套，最低首付成数6成。

八、贷款年限的确定

贷款最长年限有下列3个影响因素，这3者得出的三个结果，取最小值，就是该笔贷款申请的最长贷款年限。

（1）国家和地方政策。目前北京市政策规定，住房商业性贷款的期限最长不超过25年。

（2）房屋年龄。一般要求房龄在40年以内，同时还需满足：贷款年限＋房龄≤70（各银行之间有差异）。

（3）借款人年龄。一般要求借款人不超过69周岁，同时还需满足：贷款年限＋借款人年龄≤69周岁（工商银行、光大银行、北京农商银行可贷至75周岁）。

【例8-4】客户陈某，北京户籍，53周岁，2021年欲通过北京农商银行的商业贷款购买一套慧时新园的二手住宅，建成年代为2008年，请计算陈某的最长贷款年限。

【解】1. 根据房龄，建成年代为2008年，房龄为2021-2008=13年，70-13=57年；

2. 根据客户年龄和银行贷款政策，北京农商银行最大贷款年龄为75岁，75-53=22年；

因此，根据北京市贷款政策，陈某的最长贷款年限为22年。

九、房屋的年龄的认定

（1）查看不动产权证书中的房屋登记表记载的日期，以该日期确定房屋年龄。

（2）查看房屋评估报告，以评估报告认定的建成年代，计算房屋的年龄。

（3）到不动产登记主管部门查询档案，以档案认定的建成年代，计算房屋的年龄。

以上 3 种方法中，第 1 种、第 3 种方法认定的房屋年龄最有说服力，也容易被其他各方接受。其中，第 3 种比第 1 种更权威。

十、贷款金额的确定

影响贷款金额的因素有：①网签价格；②评估价格；③贷款成数。贷款金额的公式为：

$$贷款金额 = 较小值（网签价格，评估价格）× 贷款成数$$

其中，网签价格，是指网签合同上体现的房屋成交价格；评估价格，是指估价报告标明的价格。

【例 8-5】客户胡某，北京户籍，未婚，仅于 2010 年在秦皇岛市通过住房公积金贷款购买了一套住房，2016 年该住房已出售。现欲通过商业贷款购买一套位于海淀区五环内的住房，成交价 520 万元，面积 $90m^2$，网签价为 400 万元，评估值 420 万元。若胡某目前无住房贷款要还，在北京也无住房，请计算本次交易中胡某可贷款的最高额度。

【解】1. 胡某名下有公积金贷款记录，因此购买住宅按照二套执行；

2. 面积为 $90m^2$，网签价 400 万元，因此为普通住宅；

3. 二套普通住宅贷款成数为 4 成；

因此，最高贷款额度为 400×40%=160 万元。

第四节　住房公积金贷款

一、住房公积金贷款概述

住房公积金，也称公积金，是指职工及其所在工作单位缴存的长期住房储备金。住房公积金具有福利性，除职工缴存的住房公积金外，单位也要为职工缴纳不低于职工个人缴纳的金额，而且住房公积金贷款的利率低于商业性贷款。不论职工自己缴存的住房公积金，还是职工所在工作单位为职工缴存的住房公积金，均属于职工个人所有。

住房公积金贷款是指，由住房公积金管理中心运用住房公积金，委托银行向申请人发放的贷款。

住房公积金贷款中常见问题有：①贷款资格。也就是能否申请住房公积金贷款？②贷款金额。也就是能贷多少钱？③贷款期限。也就是能贷多长时间？④贷款利率。也就是贷款的利率是多少？⑤还款方式与月还款额。也就是怎么偿还贷款，每月偿还多少钱？

申请住房公积金贷款应同时具备的条件：

（一）申请市属公积金贷款的条件

（1）公积金账户开户6个月以上，并且近期连续6个月（从申请日开始，向前推算6个月）足额缴存。

（2）目前账户是缴存状态，未停止。

（3）申请人家庭无未还清的公积金贷款及公积金贴息贷款。

（二）申请国管公积金贷款的条件

（1）公积金账户开户6个月以上，并且近期连续6个月（从申请日开始，向前推第6个月）足额缴存。

（2）目前账户是缴存状态，未停止（经中央国家机关住房资金管理中心审核同意，处于缓存、封存或者退休销户状态的缴存职工可申请贷款）。

（3）申请人家庭无未还清的公积金贷款及公积金贴息贷款。

（三）中直公积金贷款的申请条件

（1）申请人贷款时连续12个月足额缴存（当前）。

（2）目前在缴存状态，未停止。

（3）申请人夫妻双方无尚未还清的住房公积金个人住房贷款和政策性贴息贷款。

购买哪种类型的房屋才能申请公积金贷款：①住宅；②首套购买70年产权的公寓可使用公积金贷款，二套购买70年产权的公寓仅可使用国管公积金贷款；③若所购房屋为第二套住房，则该套住房只能为普通自住住房，不能为别墅及其他高档住宅；④商办类的房屋不可以使用公积金贷款。

公积金贷款的基准利率由住房和城乡建设部根据中国人民银行调整存贷款利率的有关通知进行调整，目前政策见表8-4。

公积金贷款基准利率 表8-4

贷款年限（N）	基准利率
$N \leqslant 5$ 年	2.75%
$N > 5$ 年	3.25%

二、市属公积金贷款的政策

2018 年 9 月 17 日，北京市住房公积金管理中心发布《关于调整住房公积金个人住房贷款政策的通知》，按照该通知，市属公积金贷款政策见表 8-5。

北京市属公积金贷款政策　　　　　　　　　　　　　　　　表8-5

房屋性质	房屋套数	最低首付比例	最低利率	贷款年限
普通住房	首套	35%	基准利率	最长为 25 年
	二套	60%	基准利率的 1.1 倍	
非普通住房	首套	40%	基准利率	
	二套	80%	基准利率的 1.1 倍	

三、市属公积金贷款额度的确定

贷款额度的影响因素有下列 4 个，这四者的计算结果，取最低值，确定最终的贷款金额：

（1）当地政策规定。首套房贷款额度最高 120 万元，二套住房最高贷款额度降至 60 万元。

借款人家庭户籍均在东城区或西城区的，购买城六区（东城、西城、朝阳、海淀、丰台、石景山）以外的首套住房，最高贷款额度可上浮 20 万 ~140 万元。

借款人家庭户籍均在城六区的，购买城六区以外的首套住房，最高贷款额度可上浮 10 万 ~130 万元。

（2）缴存年限。公积金每缴存一年可贷 10 万元，只有缴存年限超过 11 年，才能贷 120 万元。

缴存年限不够一整年的，按一整年计算。例如缴存期限是 13 个月，可贷 20 万元。

借款申请人为已婚的，核算贷款额度不会相加得出，而是以夫妻双方中缴存年限较长的一方计算。

（3）缴存额度。单身：（个人缴存额 ÷ 缴存比例 −1540）×0.6÷ 对应年限月最低还款额；已婚：（个人缴存额 ÷ 缴存比例 −3080）×0.6÷ 对应年限月最低还款额。

（4）贷款成数。购买首套普通住房：贷款 6.5 成；购买首套非普通住房：贷款 6 成；购买二套普通住房：贷款 4 成；购买二套非普通住房：贷款 2 成。

（5）市属和中直公积金公房认定方式与商品房一样。

【例8-6】客户曹某，未婚，太原户籍，至今在北京工作10年零1个月，市属公积金一直正常缴纳。2009年曹某在天津通过商业贷款购买了一套住宅，2015年结清商业贷款并把住房出售。2019年7月，曹市欲用市属公积金贷款在北京购买一套住宅，请计算本次最高贷款额度。

【解】1. 曹某在天津有住房商业贷款记录，因此购买住宅按照二套执行；

2. 缴存年限：每缴存1年可贷款10万元，缴存10年零1个月，本应为110万元，但二套最高贷款金额为60万元；

因此，购买该套住房最高贷款额度为60万元。

【例8-7】叶某，34周岁，北京户籍，户口所在地为西城区，单身，名下无房无贷款记录，单位已为其缴存市属公积金130个月，个人缴存比例12%，个人月缴存额为1370元。现叶某通过公积金贷款购买了一套位于房山区普通住宅，并于2019年6月13日完成面签初审，贷款年限为20年。网签价300万元，评估价310万元，请计算叶某的最高贷款额度（公积金首套贷款1万元，20年月均还款56.72元。计算结果舍尾取整）。

【解】1. 叶某名下无房无贷款记录，可按照首套执行；

2. 缴存年限：每缴存1年可贷款10万元，缴存130个月，为10年零8个月，可贷款金额为110万元；由于叶某为西城区户籍，购买非城六区住宅可上浮20万元，因此最高贷款金额为130万元；

3. 缴存额度：（1370÷12%−1540）×0.6÷56.72=104万元；

4. 贷款成数：300×65%=195万元；

因此，购买该套住房最高贷款额度为104万元。

四、市属公积金贷款年限的确定

贷款年限的影响因素有下列3个，这三者的计算结果，取最低值，确定最终的贷款年限：

（1）当地政策规定。北京市公积金管理中心规定的最高贷款年限为25年。

（2）所购房屋的结构及年龄。砖混结构（混合结构）：47年−房龄，钢混结构：57年−房龄。

（3）申请人及配偶的年龄。65−夫妻双方年龄小的人的年龄。

【例8-8】客户赵某2021年欲通过市属公积金贷款购买一套钢混结构的住宅。赵某已婚，45周岁，配偶李某，41周岁。若住宅建成年代为1990年，请计算赵某申请贷款的最高贷款年限。

【解】1.最高贷款年限≤25年；

2.房屋结构及房龄：钢混结构57-（2021-1990）=26年；

3.年龄：65-41=24年；

因此，根据北京市市属公积金贷款政策，最长贷款年限为24年。

五、国管公积金贷款的政策

2019年4月12日，中央国家机关住房资金管理中心发布了《关于调整住房公积金个人住房贷款政策进一步优化服务有关问题的通知》，根据该通知，国管公积金贷款政策见表8-6。

国管公积金贷款政策 表8-6

房屋性质	房屋套数	最低首付比例	最低利率	贷款年限
住房	首套	30%	基准利率	最长为25年
	二套	60%	基准利率的1.1倍	

六、国管公积金贷款额度如何确定

贷款额度的影响因素有下列2个，这两者的计算结果，取最低值，确定最终的贷款金额：

（1）当地政策规定。首套房贷款额度最高120万元，二套住房最高贷款额度降至60万元。

（2）贷款比例。购买首套住房：最低首付款30%，最高贷款70%；购买二套住房：最低首付款60%，最高贷款40%。

【例8-9】客户李某，北京户籍，自1998年参加工作开始，单位为其缴纳国管公积金，名下有一套位于海淀区上地佳园的住宅。现李某欲购买业主林某名下位于慧时欣园小区的住宅，评估价400万元，网签价380万元，请计算李某购买该住宅的最高公积金贷款金额。

【解】1. 李某名下有一套位于上地佳园的住宅，按照二套执行；

2. 二套国管公积金最高贷款金额为 60 万元；

3. 根据贷款比例，380×60%=228 万元；

因此，李某的公积金最高贷款金额为 60 万元。

七、国管公积金贷款年限的确定

贷款年限的影响因素有下列 3 个，这三者的计算结果，取最低值，确定最终的贷款年限：

（1）当地政策规定。北京市公积金管理中心规定的最高贷款年限为 25 年。

（2）所购房屋的结构及年龄。砖混结构（混合结构）：47 年 - 房龄；钢混结构：57 年 - 房龄。

（3）申请人及配偶的年龄。65- 主借款人的年龄。

【例 8-10】客户杨某，北京户籍，48 周岁，自 1995 年 7 月开始在某央企工作，单位一直为其缴存公积金，单位登记号以 5 开头。杨某欲购买业主林某名下位于东阁雅舍小区的住宅，钢混结构，房龄为 10 年，请计算杨某购买该住宅的最长贷款年限。

【解】1. 在央企工作，单位登记号以 5 开头，因此单位为杨某缴纳的是国管公积金；

2. 房屋结构及房龄：钢混结构 57-10=47 年；

3. 年龄：65-48=17 年；

因此，根据北京市国管公积金贷款政策，最长贷款年限为 17 年。

第五节　不动产交易税费

一、契税

（一）契税的含义

契税，是指在土地、房屋权属发生转移时，对产权承受人征收的一种财产税。纳税人为承受土地、房屋权属的单位或个人，即购买人。计税依据为官方认可的成交价格。契税条例规定的契税税率为 3%~5%。北京市的契税税率为 3%。

（二）契税免征或者减征的常见情形

（1）法定继承人（包括配偶、子女、父母、兄弟姐妹、祖父母、外祖父母）继承土地、房屋权属，免征契税。

（2）夫妻更名、夫妻加名、夫妻房屋财产分割，免征契税。

（3）居民在 2003 年 3 月 1 日之后上市出售已购公有住房前后一年内新购各类商品住房，按新购商品住房与出售已购公有住房成交价的差额计征契税。

（4）出售成本价房产一年前后（以网签时间为准）购房可减免相应契税，祖孙三代内直系亲属可享受（办理有效期 3 年）；祖孙三代直系亲属包含：父母、配偶、子女、爷爷奶奶、姥姥姥爷、孙子孙女、外孙子外孙女。

计算：再买房需要缴纳的契税 =（购房时网签价 − 购房时增值税 − 出售时网签价）× 购房时契税税率；若购房时网签价低于出售时网签价，则契税全免，差额部分可以继续使用。

（5）拆迁后购买房屋，如果仅产生契税，在缴税当时，凭拆迁协议可以直接减免契税，祖孙三代内直系亲属可享受此优惠（拆迁后契税减免无时间限制）。祖孙三代直系亲属包含：父母、配偶、子女、爷爷奶奶、姥姥姥爷、孙子孙女、外孙子外孙女。

计算：再买房需要缴纳的契税 =（购房时网签价 − 购房时增值税 − 拆迁补偿价格）× 购房时契税税率；若购房时网签价低于拆迁补偿价格，则契税全免，差额部分可以继续使用。

值得注意的是，在这里：儿媳、女婿、公婆、岳父母及兄弟姐妹不算作直系亲属。

【例 8-11】李某是北京房山人，名下无房，2021 年 12 月因房屋拆迁获得了 300 万元的拆迁补偿款，现用该笔款项购买一套位于丰台区三环内的 99m^2 的普通住宅，该住宅产权登记日期是 2016 年 3 月 1 日，网签价 450 万元，请计算李某购买该套住宅的契税。

【解】1. 李某购买住宅满二且为普通住宅，可免征增值税及附加；

2. 名下无房为首套，面积为 99m^2，因此适用税率为 1.5%；

3. 因此该套住房需缴纳契税可计算为：

（450−300−0）× 1.5%=2.25 万元

（三）计算契税额度

影响契税税率的因素：①购买人性质（个人还是公司）；②房屋性质（住宅还是非

住宅）；③房屋套数（首套还是二套）；④建筑面积（90m² 及以下还是 90m² 以上）；⑤核定价格与网签价格比较（大于等于或小于网签价格）。

契税优惠政策：只有同时满足下列条件时：①购买人为个人；②交易房屋为住宅；③套数为首套。才能享受契税优惠政策。只要有 1 条不满足，契税税率均为 3%。

（四）契税计算总结

对存量房契税的计算，可总结见表 8-7。

存量房契税计算总结　　　　　　表8-7

购买人	用途	套数	建筑面积	计算公式
个人	住宅	二套	—	网签价≥核定价：（网签价格 − 本次增值税数额）×3%
				网签价<核定价：核定价格 ÷1.05×3%
		首套	≤ 90m²	网签价≥核定价：（网签价格 − 本次增值税数额）×1%
				网签价<核定价：核定价格 ÷1.05×1%
			> 90m²	网签价≥核定价：（网签价格 − 本次增值税数额）×1.5%
				网签价<核定价：核定价格 ÷1.05×1.5%
法人	—	—	—	网签价≥核定价：（网签价格 − 本次增值税数额）×3%
				网签价<核定价：核定价格 ÷1.05×3%

【例 8-12】客户李某，已婚，北京户籍，名下仅有一套位于东城区的住宅。现欲购买杨某名下位于西城区金色漫香林满 5 年唯一的普通住宅，建筑面积为 110m²，网签价为 400 万元，税务核定价为 350 万元，请计算李某购买杨某名下住宅时需要缴纳的契税。

【解】1. 李某名下有一套住宅，再购买属于二套，因此适用税率为 3%；

2. 因此可计算李某需缴纳契税金额为：

400×3%=12 万元

二、增值税及附加

（一）增值税及附加的含义

增值税及附加，包括增值税和增值税附加，增值税是以不动产在流转过程中产生的增值额作为计税依据而征收的一种流转税，是一种卖方需要承受的税。增值税附加包括城市维护建设税、教育费附加、地方教育附加 3 种税的总称。

纳税人：出让土地、房屋权属的单位或个人，即出卖人。计税依据：增值税的计税依据：官方认可的成交价格（在土地、房屋权属转让时）。增值税附加的计税依据：

本次所缴纳的增值税额。

增值税及附加基准税率：5.6%（远郊区县5.5%）。即增值税及附加金额＝增值税＋城市维护建设税＋教育费附加＋地方教育附加，也就是增值税及附加金额＝官方认可的成交价格×5%+本次增值税额×7%+本次增值税额×3%+本次增值税额×2%。

依据《关于实施小微企业普惠性税收减免政策的通知》，在2019年1月1日至2021年12月31日期间，增值税及附加基准税率：朝阳区、海淀区、丰台区、东城区、西城区、石景山区、经济技术开发区（亦庄）、门头沟区5.3%（远郊区县5.25%）。具体政策是，对增值税的附加部分减半征收，也就是城市维护建设税、教育费附加、地方教育附加之和减半。因此，增值税及附加金额＝官方认可的成交价格×5%+（本次增值税额×7%+本次增值税额×3%+本次增值税额×2%）×50%＝官方认可的成交价格×上述八城区5.3%（远郊区县5.25%）。

（二）增值税及附加免征常见情形

（1）法定继承人（包括配偶、子女、父母、兄弟姐妹、祖父母、外祖父母）继承土地、房屋权属，免征增值税及附加；

（2）夫妻更名、夫妻加名、夫妻房屋财产分割，免征增值税及附加；

（3）直系亲属与兄弟姐妹赠与免征增值税及附加。直系亲属包含：父母、配偶、子女、爷爷奶奶、姥姥姥爷、孙子孙女、外孙子女。

【例8-13】下列房屋交易中，可以免征增值税的情形有（　　　）。

A. 章某继承爷爷的住宅　　　　B. 吴某将名下的住宅赠与女儿

C. 陈某将名下的住宅更名为配偶王某　D. 交易房屋为满五唯一的非普通住宅

【解】选项A，法定继承免征增值税；选项B，直系亲属赠与免征增值税；选项C，夫妻更名免征增值税。选项D，非普通住宅满两年也会按照差额计征增值税。因此，本题正确答案为ABC。

（三）计算增值税及附加税额

影响增值税及附加税额的因素：①出售人性质（个人或非个人）；②房屋性质（住宅或非住宅，普通住宅或非普住宅）；③房屋持有年限；④房屋原值（有或无）；⑤核定价格与网签价格比较（大于等于或小于）。

享受增值税及附加优惠政策，需同时满足下列条件：①出售人为个人；②交易房屋为普通住宅；③房屋持有年限满2年。只要有1条不满足，均应征收增值税及附加。

（四）增值税及附加计算总结（表8-8）

增值税及附加计算总结　　　　　　　　　　　　　表8-8

房屋性质	出售人	持有年限	房屋原值	计算方式
—	公司	满2年	提供原值	网签价格≥核定价格：（网签价格−原值）÷1.05×5.3%
				网签价格＜核定价格：（核定价格−原值）÷1.05×5.3%
—	公司	满2年	不能提供原值	网签价格≥核定价格：网签价格÷1.05×5.3%
				网签价格＜核定价格：核定价格÷1.05×5.3%
住宅	个人	不满2年	—	网签价格≥核定价格：网签价格÷1.05×5.3%
				网签价格＜核定价格：核定价格÷1.05×5.3%
非普住宅	个人	满2年	提供原值	网签价格≥核定价格：（网签价格−原值）÷1.05×5.3%
				网签价格＜核定价格：（核定价格−原值）÷1.05×5.3%
非普住宅	个人	满2年	不能提供原值	网签价格≥核定价格：网签价格÷1.05×5.3%
				网签价格＜核定价格：核定价格÷1.05×5.3%
普通住宅	个人	满2年	—	免征

【例8-14】客户余某2017年购买一套位于门头沟区的住宅，建筑面积145m^2，原值为330万元，产权证登记日期为2017年8月8日，若余某于2019年7月8日出售该住宅，网签价为400万元（高于核定价格），请计算出售该套住宅时需缴纳的增值税及附加。

【解】1. 建筑面积为145m^2，因此为非普通住宅；

2. 该住宅不满2年，按全额征税，因此余某出售该套住宅需缴纳增值税及附加为：

400÷1.05×5.3%=20.19万元

三、个人所得税

（一）个人所得税的含义

个人所得税，是指对本国公民、居住在本国境内的个人财产转让取得的所得和境外个人来源于本国的财产转让所得征收的一种所得税。

纳税人，为出让土地、房屋权属的单位或个人，即出售人。计税依据，为官方认可的成交价格（在土地、房屋权属转让时）。基准税率分为差额税率和全额税率，差额税率为20%，全额税率为1%。

（二）个人所得税征收中的特殊问题

免征的情形：①法定继承人（包括配偶、子女、父母、兄弟姐妹、祖父母、外祖父母）

继承土地、房屋权属，免征个人所得税；②夫妻更名、夫妻加名、夫妻房屋财产分割，免征个人所得税；③直系亲属及兄弟姐妹赠与免征个人所得税。直系亲属包含：父母、配偶、子女、爷爷奶奶、姥姥姥爷、孙子孙女、外孙子女。

界定交易房屋满5年的标准：①商品房、一类经济适用房，均以契税票填发日期或房产证登记日期孰先原则；②已购公房：房地产证登记日期、原始购房合同签署日期、第一笔购房款的银钱收据日期，三者孰先原则，收据的章和购房合同的章要一致收据才有效（只要一个日期满五年即可）；③继承的房地产可以按照继承前的日期界定是否满5年；④赠与的房地产为直系亲属之间赠与的可以按照赠与前的日期界定是否满5年；⑤夫妻更名的房地产可以按照更名前的日期界定是否满5年；⑥遗失补证、破损换证的房地产可以按照原房地产证的时间界定是否满5年。

【例8-15】业主杨某，名下有一套经济适用住房，购房合同时间为2011年5月8日，契税票填发日期为2012年6月15日，产权证登记时间为2013年4月28日。请计算该住宅可出售的最早日期。

【解】经济适用住房满5年之后方可出售，则根据经济适用住房满5年的界定标准，最早日期应为2017年6月15日。

（三）计算个人所得税税额（表8-9）

影响个人所得税税额的因素：①房屋原值（有或无）；②房屋性质（住宅或非住宅）；③房屋持有年限（满2年或不满2年，满5年或不满5年）；④出售方家庭持有套数（唯一或不唯一）；⑤核定价格与网签价格比较（大于等于或小于）。

只有满足下列条件时，个人所得税才会按全额征收，税率1%：①交易房屋为住宅；②无法追溯到购房原值且不能提供原始契税票或契税减免通知单；③房屋持有年限不满5年或非售房家庭在京唯一住房。

只有同时满足下列条件时，个人所得税才会享受免征：①交易房屋为住宅；②房屋持有年限满5年；③交易房屋是售房家庭在京唯一住房。

【例8-16】冯某，48周岁，已婚，分别在西城区和朝阳区有住宅，现欲出售名下位于西城区的商品房，是冯某在2012年贷款购买，建筑面积124m^2，原值420万元，原契税63000元，出售时网签价为630万元，核定价格为550万元，请计算冯某在出售该套住宅时需要缴纳的个人所得税。

个人所得税计算总结 表8-9

性质	原值	年限	套数	计算方式
住宅	有原值且能提供原始契税票据	不满2年	—	网签价格≥核定价格：（网签价格 – 本次增值税及附加 – 原值 – 原契税 – 网签价格 ×10%– 贷款利息）×20%
				网签价格<核定价格：（核定价格/1.05– 本次附加税 – 原值 – 原契税 – 核定价格 ×10%– 贷款利息）×20%
普通住宅	有原值且能提供原始契税票据	满2年不满5年	—	网签价格≥核定价格：（网签价格 – 原值 – 原契税 – 网签价格 ×10%– 贷款利息）×20%
				网签价格<核定价格：（核定价格/1.05– 原值 – 原契税 – 核定价格 ×10%– 贷款利息）×20%
非普住宅	有原值且能提供原始契税票据	满2年不满5年	—	网签价格≥核定价格：（网签价格 – 本次增值税及附加 – 原值 – 原契税 – 网签价格 ×10%– 贷款利息）×20%
				网签价格<核定价格：（核定价格/1.05– 附加 – 原值 – 原契税 – 核定价格 ×10%– 贷款利息）×20%
普通住宅	有原值且能提供原始契税票据	满5年	不唯一	网签价格≥核定价格：（网签价格 – 原值 – 原契税 – 网签价格 ×10%– 贷款利息）×20%
				网签价格<核定价格：（核定价格/1.05– 原值 – 原契税 – 核定价格 ×10%– 贷款利息）×20%
非普住宅	有原值且能提供原始契税票据	满5年	不唯一	网签价格≥核定价格：（网签价格 – 本次增值税及附加 – 原值 – 原契税 – 网签价格 ×10%– 贷款利息）×20%
				网签价格<核定价格：（核定价格/1.05– 本次附加税 – 原值 – 原契税 – 核定价格 ×10%– 贷款利息）×20%
住宅	—	满5年	唯一	免征个人所得税
住宅	无法追溯到购房原值	不满2年	—	网签价格≥核定价格：（网签价格 – 本次增值税）×1%
				网签价格<核定价格：核定价格 ÷1.05×1%
普通住宅	无法追溯到购房原值	满2年不满5年	—	网签价格≥核定价格：网签价格 ×1%
				网签价格<核定价格：核定价格 ÷1.05×1%
非普住宅	无法追溯到购房原值	满2年不满5年	—	网签价格≥核定价格：（网签价格 – 本次增值税）×1%
				网签价格<核定价格：核定价格 ÷1.05×1%
普通住宅	无法追溯到购房原值	满5年	不唯一	网签价格≥核定价格：网签价格 ×1%
				网签价格<核定价格：核定价格 ÷1.05×1%
非普住宅	无法追溯到购房原值	满5年	不唯一	网签价格≥核定价格：（网签价格 – 本次增值税）×1%
				网签价格<核定价格：核定价格 ÷1.05×1%

【解】1. 建筑面积 124m²，网签价为 600 万元，可知该套住宅为非普通住宅；

2. 本次需缴纳增值税及附加金额为（630–420）÷1.05×5.3%=10.6 万元；

3. 综合该套住宅满五不唯一的状况，可计算个人所得税为：

（630–420–6.3–10.6–630×10%）×20%=26.02 万元

第六节 不动产登记

一、不动产权属转移登记的含义

不动产权属转移登记，俗称过户，指的是不动产权利人发生改变而进行的登记。根据《物权法》规定："不动产物权的设立、变更、转让和消灭，经依法登记，发生效力；未经登记，不发生效力，但法律另有规定的除外"。所有权是不动产物权的其中一种，不动产权属（所有权）转移应当依照法律规定进行登记才能产生效力。

二、权属转移登记缴费

（一）收费机构

北京市各城区不动产登记中心。

（二）费用标准

（1）住宅：80元/件，包含一本不动产权证书；每增加一本不动产权证书加收工本费10元。

（2）非住宅：550元/件，包含一本不动产权证书；每增加一本不动产权证书加收工本费10元。对申请办理车库、车位、储藏室不动产登记，单独核发不动产权属证书或登记证明的，不动产登记费由原非住宅类不动产登记每件550元，减少按住宅类不动产登记每件80元收取。

（三）缴费义务人

缴费义务人为买方。

【例8-17】客户康某购买了一套住宅和一个车位，在办理住宅与车位的权属转移登记时，请计算康某需要缴纳的不动产登记费用。

【解】对申请办理车库、车位、储藏室不动产登记，单独核发不动产权属证书或登记证明的，不动产登记费由原非住宅类不动产登记每件550元，减少按住宅类不动产登记每件80元收取。因此需要缴纳的不动产登记费用为：80+80=160元

三、权属转移登记的流程是什么

（1）网上预约：缴税完成后，需要网上预约，获取并打印《预约通知单》（部分

城区需要预约过户号）。

（2）买卖双方准备转移登记的材料。

（3）现场办理：持《预约通知单》取号。

（4）签字确认后领取《受理通知书》，并去收费窗口缴纳不动产权属转移登记费。

（5）领取不动产权证书。具体领取时间以各城区通知为准。

四、不动产抵押登记

不动产抵押登记，是指抵押人和抵押权人为使抵押成立，在不动产登记机构依照法定程序履行的法定行为。

抵押人，是指为担保债的履行而提供抵押物的债务人或者第三人。抵押权人，是指对债务人享有债权，并在债务人不履行债务时，就抵押物优先受偿的人。常见的抵押权人有：商业银行、公积金担保中心、融资性担保公司、小额贷款公司、资产管理公司、信托公司以及个人等。

五、抵押登记如何缴费

（一）收费机构

收费机构为北京市各城区不动产登记中心。

（二）费用标准

（1）住宅：80元/件。

（2）非住宅：550元/件。

（3）已购公房/经济适用住房：40元/件。不动产登记机构依法核发不动产登记证明，不得收取登记证明工本费。

（三）缴费义务人

缴费义务人为抵押权人。

六、抵押登记的流程是什么

不动产权属转移登记（过户）→接收抵押资料→抵押申报→抵押资料、不动产权证书送登记中心→领取不动产登记证明（他项权证）。

因此，抵押登记办理完毕的标志是，抵押权人领取不动产登记证明。

第九章

房地产经纪基础法规

为做好房地产经纪服务，经纪人应掌握民事主体、代理关系、物权、合同、婚姻家庭、继承等内容。为此，本章主要介绍《民法典》中有关房地产经纪的基础知识。

第一节　民事主体

一、民事主体

民事主体是民事关系参与者、民事权利的享有者、民事义务的履行者和民事责任的承担者。民事主体的具体类型，包括自然人、法人和非法人组织三类。自然人是最为重要的民事主体，民法上使用这个概念，主要是与法人相区别。法人是一种社会组织，是法律拟制的人。非法人组织是指不具有法人资格的组织，包括个人独资企业、合伙企业（例如律师事务所、注册会计师事务所等）。

二、自然人

（一）自然人的含义

自然人就是通常意义上的人。自然人不仅包括中国公民，还包括我国领域内的外国人和无国籍人。自然人从出生时起到死亡时止，具有民事权利能力，依法享有民事权利，承担民事义务。

（二）胎儿利益保护

涉及遗产继承、接受赠与等胎儿利益保护的，胎儿视为具有民事权利能力。但是，胎儿娩出时为死体的，其民事权利能力自始不存在。

（三）自然人的民事行为能力

民事行为能力是指民事主体独立参与民事活动，以自己的行为取得民事权利或承担民事义务的法律资格。《民法典》根据自然人辨认能力的不同，将民事行为能力分为下列3种。

一是，完全民事行为能力人。18周岁及以上的自然人为成年人。不满18周岁的自然人为未成年人。成年人具有完全民事行为能力。16周岁及以上的未成年人，以自己的劳动收入为主要生活来源的，视为完全民事行为能力人。完全民事行为能力人，可以独立实施民事法律行为。

二是，限制民事行为能力人。限制民事行为能力人包括：①8周岁及以上的未成年人；②不能完全辨认自己行为的成年人。限制民事行为能力人实施民事法律行为由其法定代理人代理或经其法定代理人同意、追认；但是，可以独立实施纯获利益的民事法律行为或者与其智力、精神健康状况相应的民事法律行为。

三是，无民事行为能力人。无民事行为能力人包括：①不满8周岁的未成年人；②不能辨认自己行为的自然人。已满18周岁的成年人，只要不能辨认自己的行为的，就是无民事行为能力人。8周岁以上的未成年人原本是限制民事行为能力人，但8周岁以上的未成年人也不能辨认自己的行为，与不能辨认自己行为的成年人一样，也是无民事行为能力人。无民事行为能力人实施民事法律行为时，都须由其法定代理人代理，不得自己独立实施，否则无效。

【例9-1】民事行为能力是指民事主体独立参与民事活动，以自己的行为取得民事权利或承担民事义务的法律资格。下列人员，属于限制民事行为能力人的有（　　　）。

A. 曾某，7周岁，小学一年级学生

B. 冉某，16周岁，高中二年级学生

C. 石某，25周岁，患有间歇性精神病

D. 陈某，17周岁，以演出作为自己主要生活来源

【解】8周岁及以上的未成年人和不能完全辨认自己行为的成年人，为限制民事行为能力人。选项B和选项C为限制民事行为能力人。选项A为无民事行为能力人，选项D为完全民事行为能力人。本题答案为BC。

三、监护

依法进行保护和监督的人是监护人，监护人必须是具有完全民事行为能力。被保护和监督的人是被监护人。无民事行为能力人、限制民事行为能力人的监护人是其法定代理人。

未成年子女的监护人是其父母。只有出现父母均已死亡或者没有监护能力时，下列有监护能力的人按照顺序担任监护人：①祖父母、外祖父母；②兄、姐；③其他愿意担任监护人的个人或者组织，但是须经未成年人住所地的居民委员会、村民委员会或者民政部门同意。

当出现两个或者两个以上具有监护资格的人之间都愿意担任监护人，或者应当担任监护人的人认为自己不适合担任时，则可以按照本条规定的顺序确定监护人。

无民事行为能力或者限制民事行为能力的成年人，由下列有监护能力的人按顺序担任监护人：①配偶；②父母、子女；③其他近亲属；④其他愿意担任监护人的个人或者组织，但是须经被监护人住所地的居民委员会、村民委员会或者民政部门同意。

四、法人

法人是具有民事权利能力和民事行为能力，依法独立享有民事权利和承担民事义务的组织。法人的民事权利能力和民事行为能力，从法人成立时产生，到法人终止时消灭。

法人以其全部财产独立承担民事责任，即承担有限责任。无论法人应当承担多少责任，最终都以其全部财产来承担，不承担无限责任。

五、非法人组织

非法人组织是不具有法人资格，但是能够依法以自己的名义从事民事活动的组织。包括个人独资企业、合伙企业、不具有法人资格的专业服务机构（例如，律师事务所、会计师事务所）等。与法人不同的是，非法人组织的民事责任由其出资人或者设立人承担无限责任。

第二节　代理关系

一、代理

代理是指代理人在代理权限内，以被代理人名义实施的民事行为，其法律效果直接归属于被代理人的行为。

在代理关系中，存在三个主体：一是被代理人，又称本人；二是代理人；三是相对人，也称第三人，即与代理人实施民事法律行为的人。

二、代理的类别

代理包括委托代理和法定代理。委托代理是指按照被代理人的委托来行使代理权的代理。因此被代理人又称为委托人，代理人又称为受托人。

委托代理授权可以采用书面形式、口头形式或者其他形式。其中，书面形式是最主要的一种授权形式，称为授权委托书。授权委托书应当载明代理人的姓名或者名称、代理事项、权限和期间，并由被代理人签名或者盖章。

法定代理是指按照法律的规定来行使代理权的代理。无民事行为能力人、限制民事行为能力人的监护人是其法定代理人。

三、不当代理

代理人在代理权限内忠实履行代理职责，完全是为了被代理人的利益。《民法典》规定，代理人不履行或者不完全履行职责，造成被代理人损害的，应当承担民事责任；代理人和相对人恶意串通，损害被代理人合法权益的，代理人和相对人应当承担连带责任。

四、转委托代理

代理人需要转委托第三人代理的，应当取得被代理人的同意或者追认。

转委托代理经被代理人同意或者追认的，被代理人可以就代理事务直接指示转委托的第三人，代理人仅就第三人的选任以及对第三人的指示承担责任。

转委托代理未经被代理人同意或者追认的，代理人应当对转委托的第三人行为承担责任；但是，在紧急情况下代理人为了维护被代理人的利益需要转委托第三人代理的除外。

五、代理的禁止行为

代理人不得以被代理人的名义与自己实施民事法律行为，但是被代理人同意或者追认的除外。

代理人不得以被代理人的名义与自己同时代理的其他人实施民事法律行为，但是被代理的双方同意或者追认的除外。

六、无权代理

无权代理有下列3种类型：①没有代理权的无权代理，即行为人没有得到被代理人的授权。②超越代理权的无权代理，即行为人与被代理人有代理关系，但代理行为超出了代理范围的代理。③代理权终止后的无权代理，即行为人与被代理人之间原本有代理关系，但代理权终止后，行为人仍然实施的代理。

行为人没有代理权、超越代理权或者代理权终止后，仍然实施代理行为，未经被代理人追认的，对被代理人不发生效力。

相对人可以催告被代理人自收到通知之日起 30 日内予以追认。被代理人未作表示的，视为拒绝追认。行为人实施的行为被追认前，善意相对人有撤销的权利。撤销应当以通知的方式作出。

行为人实施的行为未被追认的，善意相对人有权请求行为人履行债务或者就其受到的损害请求行为人赔偿，但是赔偿的范围不得超过被代理人追认时相对人所能获得的利益。

行为人没有代理权、超越代理权或者代理权终止后，仍然实施代理行为，相对人有理由相信行为人有代理权的，代理行为有效。

七、代理的终止

有下列情形之一的，委托代理终止：①代理期限届满或者代理事务完成；②被代理人取消委托或者代理人辞去委托；③代理人丧失民事行为能力；④代理人或者被代理人死亡；⑤作为代理人或者被代理人的法人、非法人组织终止。

被代理人死亡后，有下列情形之一的，委托代理人实施的代理行为有效：①代理人不知道并且不应当知道被代理人死亡；②被代理人的继承人予以承认；③授权中明确代理权在代理事务完成时终止；④被代理人死亡前已经实施，为了被代理人的继承人的利益继续代理。

有下列情形之一的，法定代理终止：①被代理人取得或者恢复完全民事行为能力；②代理人丧失民事行为能力；③代理人或者被代理人死亡；④法律规定的其他情形。

【例 9-2】业主冯某欲出售其名下的一套三居室，但因冯某本人在国外，故委托好友程某代为办理房屋出售相关事宜，委托期限为 6 个月。关于本次代理的说法，正确的有（　　）。

A. 冯某和程某之间的代理属于指定代理

B. 在代理期限内冯某不可取消对程某授权代理

C. 代理期内，若程某发生车祸被医院鉴定为植物人，则代理事项终止

D. 若代理期限届满后，该房屋仍未出售，则此代理权继续有效

【解】有下列情形之一的，委托代理终止：①代理期限届满或者代理事务完成；②被代理人取消委托或者代理人辞去委托；③代理人丧失民事行为能力。本题描述的代理是委托代理，不是指定代理；代理是可以取消的；代理人无民事行为能力，代理终止；代理期限届满，代理终止。因此本题答案为 C。

第三节　物权

一、物权的含义

民事主体依法享有物权，物权是指权利人依法对特定的物享有直接支配和排他的权利，包括所有权、用益物权和担保物权。

物包括不动产和动产。不动产是不可移动的物，比如土地以及房屋、林木等土地附着物。动产是不动产以外的可移动的物，比如汽车、电视机、珠宝玉石等。

物权是与债权相对应的一种民事权利。债权是指权利主体按照合同约定或者按照法律规定，请求相对人为或不为一定行为的权利。市场主体享有物权是交易的前提，交易的过程表现为债权，交易的结果往往导致物权的转移。

二、物权与债权的区别

物权和债权的区别，主要有：

（1）权利性质不同。物权是支配权，债权是请求权。例如，张某把自己的房屋卖给李某，在尚未办理权属转移登记前，张某仍然享有该房屋的支配权，也就是房屋的所有权人仍然是张某。李某享有的权利是债权，可以依法请求张某按照约定办理权属转移登记并交付房屋。

（2）权利发生不同。物权的发生实行法定主义，债权的发生实行意定主义。即物权的种类和内容受法律的限制，不允许当事人任意创设新的物权，也不允许当事人变更物权的内容。而债权的发生并没有这样的限制。

（3）权利效力范围不同。物权是直接支配物的权利，物权的义务人是物权权利人以外的任何人，即物权的权利人以外的一切人均为义务人，均负有不得侵害其权利和妨害其权利行使的义务。而债权的权利义务仅限于当事人之间。

（4）权利效力不同。物权的支配力使其具有排他效力、优先效力和追及效力。例如房地产办理抵押登记以后，该抵押权就可以对抗一般债权。当然物权优先于债权也有例外，如《民法典》第七百二十五条规定："租赁物在承租人按照租赁合同占有期限内发生所有权变动的，不影响租赁合同的效力。"即"买卖不破租赁"。

三、不动产物权登记及特殊情形

（一）不动产物权经依法登记发生效力

不动产物权的设立、变更、转让和消灭，经依法登记，发生效力；未经登记，不发生效力，但是法律另有规定的除外。因此，一般情况下，了解不动产的权利主体，就是查不动产登记簿。其记载的权利人就是该不动产的权利人，登记错误需要依法更正的除外。

不动产登记实行属地原则，即不动产登记由不动产所在地的登记机构专属管辖，不得在异地进行不动产物权变动登记。例如，甲城市的房屋要在甲城市登记，不能在乙城市登记。

（二）首次登记

不动产首次登记，是指不动产权利第一次记载于不动产登记簿，主要包括实践中的总登记和初始登记。《不动产登记暂行条例实施细则》中规定：未办理不动产首次登记的，不得办理不动产其他类型登记，但法律、行政法规另有规定的除外。

（三）变更登记

变更登记，是指因不动产权利人的姓名、名称或者不动产坐落等发生变更而进行的登记。一般来说，适用变更登记的主要情形包括：权利人姓名或者名称变更的；不动产坐落、名称、用途、面积等自然状况变更的；同一权利人分割或者合并不动产等发生变化等情形，以及法律、行政法规规定的其他不涉及不动产权利转移的变更情形。

（四）转移登记

转移登记，是指因不动产权利人发生改变而进行的登记。一般来说，转移登记适用的情形包括：买卖、继承、遗赠、赠与、互换不动产的；以不动产作价出资（入股）的；不动产分割、合并导致权属发生转移的；共有人增加或者减少以及共有不动产份额变化等情况，以及法律、行政法规规定的其他不动产权利转移情形。

（五）预告登记

预告登记指当事人签订买卖房屋或者其他不动产物权的协议，为保障将来实现物权，而按照约定可以向登记机关申请预告登记。预告登记后，未经预告登记的权利人同意，处分该不动产的，不发生物权效力。如在商品房预售中，购房者可以就尚未建成的住房进行预告登记，以制约房地产开发企业把已出售的住房再次出售或者进行抵押。

预告登记后，债权消灭或者自能够进行不动产登记之日起 90 天内未申请登记的，预告登记失效。

（六）更正登记

权利人、利害关系人认为不动产登记簿记载的事项错误的，可以申请更正登记。不动产登记簿记载的权利人书面同意更正或者有证据证明登记确有错误的，登记机构应当予以更正。

（七）异议登记

不动产登记簿记载的权利人不同意更正的，利害关系人可以申请异议登记。登记机构予以异议登记，申请人自异议登记之日起十五日内不提起诉讼的，异议登记失效。异议登记不当，造成权利人损害的，权利人可以向申请人请求损害赔偿。

（八）不动产登记收费标准

《民法典》规定，不动产登记费按件收取，不得按照不动产面积、体积或者价款的比例收取。住宅类不动产登记费收取标准为每件 80 元。

（九）特殊情形

（1）因人民法院、仲裁委员会的法律文书或者人民政府的征收决定等，导致物权设立、变更、转让或者消灭的，自法律文书或者人民政府的征收决定等生效时发生效力。

（2）因继承或者受遗赠取得物权的，自继承或者受遗赠开始时发生效力。

四、所有权

所有权是指对自己的不动产或者动产，依法享有占有、使用、收益和处分的权利。占有、使用、收益和处分称为所有权的四项权能，它们可以与所有权发生分离，而所有权人并不因此丧失所有权，但其所有权因此受到限制。

（一）不动产所有权

中国现有的法律规定，土地只能是国家所有和农民集体所有。城市的土地属于国家所有。农村和城市郊区的土地，除由法律规定属于国家所有的以外，属于集体所有。房屋可以私人所有。因此，个人在城市购买的住宅，土地所用权归国家所有，房屋所有权归个人所有。

（二）共有

不动产或动产可以由两个以上单位、个人共有。共有分为按份共有和共同共有。按份共有，是指二人以上按照各自的份额对共有物享有权利和承担义务的共有关系。共同共有，是指二人以上根据共同关系对共有物不分份额的共同享有权利并承担义务的共有关系，如夫妻共同共有。

处分按份共有的不动产，应经占份额 2/3 以上的按份共有人同意，处分共同共有的不动产，应经全体共同共有人的同意，但共有人之间另有约定的除外。

按份共有人可以转让其享有的共有的不动产份额，其他共有人在同等条件下享有优先购买的权利。在实践中，为谨慎起见，按份共有的房屋出售时，应要求出售人提供共有人放弃优先购买权的证明文件。

五、建设用地使用权

建设用地使用权，是指建设用地使用权人依法对国家所有的土地享有占有、使用和收益的权利，有权利用该土地建造建筑物、构筑物及其附属设施。

在国家所有的土地上设立的建设用地使用权，它的产生方式包括：划拨和出让。出让方式又包括：协议、招标、拍卖和挂牌。

建设用地使用权转让、互换、出资、赠与的，当事人应当采取书面形式订立相应的合同。合同的期限由当事人约定，但不得超过建设用地使用权的剩余期限。

住宅建设用地使用权期限届满的，自动续期。所谓自动续期，是指住宅建设用地使用权的续期不需要当事人向政府部门申请批准，就可以自动延长。续期费用的缴纳或者减免，依照法律、行政法规的规定办理。非住宅建设用地使用权期限届满后的续期，依照法律规定办理。该土地上的房屋以及其他不动产的归属，有约定的，按照约定；没有约定或者约定不明确的，依照法律、行政法规的规定办理。

六、居住权

居住权，是指自然人依照合同的约定，对他人所有的住宅享有占有、使用的权利。居住权是一种用益物权。设立居住权，可以根据遗嘱或者遗赠，也可以按照合同约定。例如，某人在遗嘱中写明，其住宅由他的儿子继承，但应当让服务多年的保姆居住，直到保姆去世。

设立居住权，应当向登记机构办理居住权登记，经登记后居住权才成立。因为居住权和租赁权相似，但租赁权是债权，而居住权是物权，性质截然不同。如果居住权不采取登记发生主义，就容易与租赁权混淆。

居住权与租赁权的区别有：第一，居住权为一种独立的用益物权，租赁权则属于债权。居住权具有物权对世性、绝对性、直接支配性等所有特征，居住权人对房屋可以进行专属的、排他的利用，从根本上有效地保障居住权的稳定与安全。而作为债权的租赁权则具有相对性，租赁权人的权利义务受制于与债务人的预先约定，同时也只能对抗特定的债务人。第二，居住权必须以登记为要件，自登记时才设立，未登记的，不发生设定居住权的效力。而租赁权本质上是一种债权，是否登记一般并不影响租赁关系的成立。第三，取得租赁权，是以支付租金为条件，而居住权原则上是无偿的。第四，居住权的设定期限没有限制，而租赁合同期限则最长不超过20年。根据《民法典》的规定："居住权期限届满或者居住权人死亡的，居住权消灭。"这就使居住权人有了更为稳定的居住利益。在居住权的期限内，如果没有法定或约定的事由，不但房屋的所有权人不能要求居住权人搬离，即使该房屋被卖掉或者被继承，购买或者继承取得该房屋的人也不能要求居住权人搬离。

七、抵押权

抵押权，是指为担保债务的履行，债务人或者第三人不转移财产的占有，将该财产抵押给债权人的，债务人不履行到期债务或者发生当事人约定的实现抵押权的情形，债权人有权就该财产优先受偿。其中，债务人或者第三人为抵押人，债权人为抵押权人，提供担保的财产为抵押财产。

值得注意的是，建筑物以及建筑物占用范围内的建设用地使用权在抵押时，不能分开，应一并抵押。以建筑物、建设用地使用权等不动产抵押的，应办理不动产抵押登记，抵押权自登记时设立。当事人之间订立的抵押合同，除法律另有规定或者合同约定外，自合同成立时生效；未办理抵押登记的，不影响抵押合同的效力。订立抵押合同前抵押财产已出租的，原租赁关系不受该抵押权的影响。抵押权设立后抵押财产出租的，该租赁关系不得对抗已登记的抵押权。抵押期间，抵押人未经抵押权人同意，不得转让抵押财产，但受让人代为清偿债务消灭抵押权的除外。

第四节　合同

一、合同的含义

（一）合同的定义

合同也称契约，是民事主体之间设立、变更、终止民事权利义务关系的协议。合同的形式有书面形式、口头形式或其他形式。

书面形式是合同书、信件、电报、电传、传真等可以有形地表现所载内容的形式。

以电子数据交换、电子邮件等方式能够有形地表现所载内容，并可以随时调取查用的数据电文，视为书面形式。当事人采用合同书面形式订立合同的，自双方当事人签字或者盖章时合同成立。《城市房地产管理法》规定，房地产转让（包括房地产买卖合同）、房屋租赁和房地产抵押应当签署书面合同。

（二）合同的内容

合同的内容由当事人约定，一般包括以下条款：①当事人的名称或者姓名和住所；②标的；③数量；④质量；⑤价款或者报酬；⑥履行期限、地点和方式；⑦违约责任；⑧解决争议的方法。当事人可以参照各类合同的示范文本订立合同。

二、合同的成立与生效

当事人采用书面形式订立合同的，自当事人均签名、盖章或者按指印时合同成立。在签名、盖章或者按指印之前，当事人一方已经履行了主要义务，对方接受时，该合同成立。

依法成立的合同，自成立时生效，但是法律另有规定或者当事人另有约定的除外。依照法律、行政法规规定，合同应当办理批准等手续的，依照其规定。

《城市房地产管理法》规定，房地产转让（包括房地产买卖合同）、房屋租赁和房地产抵押应当签署书面合同。

依法成立的合同，自成立时生效。法律、行政法规规定应当办理批准、登记等手续生效的，依照其规定。因此，合同成立和生效是两个不同概念。例如，定金合同应当以书面形式约定。当事人在定金合同中应当约定交付定金的期限。定金合同从实际交付定金之日起生效。

合同生效应同时具备下列 3 个条件：①当事人具有相应的民事行为能力；②意思表示真实；③不违反法律或者社会公共利益。这是合同的一般生效要件。

此外，合同生效还受到其他因素的影响，例如，当事人在合同中约定了合同生效时间的，以约定为准。

三、合同无效的情形

有下列情形之一的，合同无效：①无民事行为能力人订立；②恶意串通，损害他人合法利益；③虚假意思表示订立；④违反法律、行政法规的强制性规定；⑤违背公序良俗。

下列合同，当事人一方有权请求人民法院或者仲裁机构变更或者撤销：①因重大误解订立；②一方利用对方在危困状态、缺乏判断能力等情形，致使民事法律行为成立时显失公平；③一方或第三人以欺诈手段订立；④一方或第三人以胁迫手段使对方在违背真实意思的情况下订立。

无效的合同或者被撤销的合同自始没有法律约束力。

合同部分无效，不影响其他部分效力的，其他部分仍然有效。合同无效、被撤销或者终止的，不影响合同中独立存在的有关解决争议方法的条款的效力。

合同无效或者被撤销后，因该合同取得的财产，应当予以返还；不能返还或者没有必要返还的，应当折价补偿。有过错的一方应当赔偿对方因此所受到的损失，双方都有过错的，应当各自承担相应的责任。法律另有规定的，依照其规定。

四、合同的解除

首先，当事人协商一致，可以解除合同。其次，有下列情形之一的，当事人可以解除合同：①因不可抗力致使不能实现合同目的；②在履行期限届满之前，当事人一方明确表示或者以自己的行为表明不履行主要债务；③当事人一方迟延履行主要债务，经催告后在合理期限内仍未履行；④当事人一方迟延履行债务或者有其他违约行为致使不能实现合同目的；⑤法律规定的其他情形。

五、买卖合同

（一）买卖合同的概念

买卖合同是出卖人转移标的物的所有权于买受人，买受人支付价款的合同。在买卖合同中，转移的标的物所有权以获取价款的一方为出卖人或卖方，支付价款以取得标的物所有权的一方为买受方或买方。

（二）买卖合同当事人的义务

1. 出卖人的义务

①按照约定的期限、质量、数量要求向买受人交付标的物；②按照约定向买受人转移标的物的所有权；③就交付的标的物，保证第三人不得向买受人主张任何权利，法律另有规定以及买受人订立买卖合同时知道或应当知道第三人对标的物享有权利的除外。

2. 买受人的义务

①按照约定的数额、时间、地点向出卖人支付价款；②按照约定及时受领标的物；③按照约定及时检验标的物。

（三）标的物所有权的转移和孳息归属

孳息是指由原物产生的额外收益，分为天然孳息和法定孳息。天然孳息如果树长出的果实，法定孳息如存款所得的利息。标的物所有权自标的物交付时起转移，不动产所有权转移以登记为准，但法律另有规定或当事人另有约定的除外。标的物在交付前产生的孳息，归出卖人所有；在交付后产生的孳息，归买受人所有。

六、中介合同

（一）中介合同的概念

中介合同是中介人向委托人报告订立合同的机会，或者提供订立合同的媒介服务，委托人支付报酬的合同。中介人是指促成委托人与第三人订立合同并因此取得报酬的中间人。在我国，存量房业务和新房渠道业务中的房地产经纪服务方式基本上均为中介服务。房地产经纪公司充当了中介人的角色，房地产经纪人受公司指派开展从事经纪业务。

（二）中介合同当事人的义务

1. 中介人的义务

①向委托人如实报告有关订立合同的事项。中介人提供虚假情况，损害委托人利益的，不仅不得请求支付报酬，并且还应承担损害赔偿责任。②促成合同成立，负担中介活动的费用。该费用是中介人从事中介活动支出的费用，一般已作为成本计算在中介报酬内，中介人不得再另外请求支付费用。

2. 委托人的义务

（1）按照约定向中介人支付报酬。《民法典》规定：因中介人提供订立合同的媒介服务而促成合同成立的，由该合同的当事人平均负担中介人的报酬。

由于中介合同可以随时终止，有时不免发生委托人为了逃避支付报酬的义务，故意拒绝中介人已完成的中介服务，而与通过中介人认识的第三人订立合同。就此情况，中介人并不丧失报酬的请求权。因为中介人行使报酬请求权，是以委托人与第三人的合同成立为前提，而不是以中介合同是否得到履行为要件。例如，甲委托乙购买住房，乙为其找到合适的住房，业主为丙。甲为了不支付佣金，假借该住房不合适终止中介合同，之后自行找到丙购买住房。甲这种行为违背诚实信用原则，因此仍然要支付报酬。

（2）未促成合同成立的，向中介人支付从事中介活动支出的必要费用。中介人未促成合同成立的，委托人可以拒绝支付报酬，但中介人可以要求委托人支付从事中介活动支出的必要费用，如交通费、电话费等。

七、违约责任

违约责任，是指合同当事人不履行或者不适当履行合同义务所应承担的民事责任。违约行为可分为实际违约和预期违约。实际违约是指当事人一方不履行合同义务或者履行合同义务不符合约定的，应当承担继续履行、采取补救措施或者赔偿损失等违约责任。预期违约是指当事人一方明确表示或者以自己的行为表明不履行合同义务的，对方可以在履行期限届满之前要求其承担违约责任。

违约责任的承担方式主要有：继续履行、赔偿损失、支付违约金、定金罚则和采取补救措施。

（一）继续履行

继续履行是在合同一方当事人不履行合同时，另一方当事人有权要求违约方按照合同约定继续履行合同义务，或者请求人民法院、仲裁机构强制违约方按照合同约定继续履行义务。

（二）赔偿损失

赔偿损失是违约方因不履行或者不完全履行合同义务而给对方造成损失，依照法律或者按照合同约定应承担赔偿损失的责任。违约损害赔偿的范围原则上以守约方的实际损失为限。

（三）支付违约金

违约金是当事人在合同中约定或法律直接规定的一方违反合同时应向对方支付一定数额的金钱。如果当事人在合同中没有约定违约金，法律也没有规定违反合同应支付违约金的，则不产生违约金的责任方式。

当事人可以约定一方违约时应当根据违约情况向对方支付一定数额的违约金，也可以约定因违约产生的损失赔偿额的计算方法。

约定的违约金低于造成的损失的，当事人可以请求人民法院或者仲裁机构予以增加；约定的违约金过分高于造成的损失的，当事人可以请求人民法院或者仲裁机构予以适当减少。当事人迟延履行约定违约金的，违约方支付违约金后，还应当履行债务。

（四）定金及定金罚则

（1）当事人可以约定一方向对方给付定金作为债权的担保。定金合同自实际交付定金时成立。

（2）定金的数额由当事人约定，但不得超过主合同标的额的 20%，超过部分不产生定金的效力。实际交付的定金数额多于或者少于约定数额的，视为变更约定的定金数额。

【例9-3】客户刘某欲购买一套新建住宅，合同约定总价为185万元，并于2018年11月向开发商交纳38万元的定金。2019年4月刘某由于公司破产，无法继续购买该住宅，请说明开发商是否需向刘某退还定金。

【解】按照法律规定，可约定的最高定金金额为185×20%=37万元，因此开发商需向刘某退还定金，退还金额为超出定金最高限额部分的1万元。

（3）债务人履行债务的，定金应当抵作价款或者收回。给付定金的一方不履行债务或者履行债务不符合约定，致使不能实现合同目的的，无权请求返还定金；收受定金的一方不履行债务或者履行债务不符合预定，致使不能实现合同目的的，应当双倍返还定金。

（4）定金合同是实践性合同，以定金的实际支付为生效条件。因此，定金尚未实际支付，则定金合同不生效。例如，买卖双方约定定金10万元，但买方实际支付了5万元，后卖方拒绝出售，买方只能要求卖方双倍返还已经支付的定金，即卖方付给买方10万元。

【例9-4】业主王某和客户李某就买卖一套住房签订了买卖合同，合同约定定金为20万元，王某实际收取定金8万元。后因王某个人原因不能继续履行买卖合同，那么王某应向李某返还（　　　）万元。

A.8　　　　　　　B.16　　　　　　　C.20　　　　　　　D.40

【解】定金合同是实践性合同，以定金的实际支付为生效条件。收受定金的一方不履行债务或者履行债务不符合约定，致使不能实现合同目的的，依据实际支付的定金双倍返还。买卖双方约定定金20万元，但买方实际支付了8万元，买方只能要求卖方双倍返还已经支付的定金，即卖方付给买方16万元。因此本题答案为B。

（5）定金与订金的区别。定金是法律用语，是一种对债权的担保，适用定金罚则。订金通常被理解为预付款，无论是卖方违约还是买方违约，收取订金的一方只需如数退还，不存在双倍返还或被守约方没收的问题。与订金类似的还有意向金、诚意金、押金、预订款、订约金、保证金、担保金、留置金等。

（6）定金与违约金的区别。当事人既约定了定金又约定了违约金，当一方违约时，对方可以在定金条款和违约金条款两者中择一适用。也就是说，定金和违约金不能同时并用。至于是选择定金条款还是选择违约金条款，这一权利属于守约方。但是，当收受定金的一方违约时，守约方选择违约金条款后，并不影响其要求对方返还已付定金全额的权利。

（7）定金责任与赔偿损失的区别。定金责任不以实际发生损害为前提，定金责任的承担也不能代替损害赔偿。因此，在既有定金条款又有实际损害时，应分别适用定金责任和赔偿损失的责任，两者同时执行。合同约定的定金不足以弥补一方违约造成的损害，对方可以请求赔偿超过定金部分的损失的，人民法院可以并处，但定金和损失赔偿的数额总和不应高于因违约造成的损失。

（五）采取补救措施

一方交付的标的物，例如，房屋、家具家电等，若出现瑕疵，交付方构成违约，另一方有权请求一方承担修理、更换、重作、退货、减少价款或者报酬等补救措施。

第五节　婚姻家庭

一、夫妻共同财产

夫妻在婚姻关系存续期间所得的下列财产，为夫妻的共同财产，归夫妻共同所有：①工资、奖金、劳务报酬；②生产、经营、投资的收益；③知识产权的收益；④继承或者受赠的财产，但是遗嘱或者赠与合同中确定只归一方的财产除外；⑤其他应当归共同所有的财产。结婚前的恋爱期间或订婚期间不属于婚姻关系存续期间，而婚后夫妻分居期间或离婚诉讼期间则属于婚姻存续期间。

夫妻对共同所有的房产，有平等的处分权。夫或妻对夫妻共同所有的房产做出重要决定，如出卖房产，夫妻双方应平等协商，取得一致意见。

其他应当归共同所有的财产包括：①一方以个人财产投资取得的收益；②男女双方实际取得或者应当取得的住房补贴、住房公积金；③男女双方实际取得或者应当取得的养老保险金、破产安置补偿费。

二、夫妻一方个人财产

下列财产为夫妻一方的财产：①一方的婚前财产；②一方因身体受到伤害获得的赔偿或补偿；③遗嘱或赠与合同中确定只归一方的财产；④一方专用的生活用品；⑤其他应当归一方的财产。

依据《民法典》的规定，下列房地产为夫妻一方所有：

（1）一方的婚前的房地产。婚前房地产是指一方于婚姻登记前，购买并登记于自己一人名下的房地产。

若双方婚后共同还贷，支付的款项及房地产增值部分，法院可判决由产权登记一方对另一方进行补偿，房屋归产权登记方所有。

（2）遗嘱或赠与合同中确定只归夫或妻一方的房地产。

（3）婚后由一方父母出资，登记在出资人子女个人名下，认定为个人财产。

三、离婚

（一）协议离婚

我国的离婚制度，分为协议离婚和诉讼离婚两种。由于婚姻关系当事人对离婚所持的态度不同，在处理程序上也不大相同。男女双方自愿离婚的，应当签订书面离婚协议，并亲自到婚姻登记机关申请离婚登记。离婚协议应当载明双方自愿离婚的意思表示和对子女抚养、财产以及债务处理等事项协商一致的意见。

双方自愿离婚，到婚姻登记机关申请离婚，符合离婚条件的，暂时不发给离婚证，不马上解除婚姻关系，设定30天离婚冷静期。自婚姻登记机关收到离婚登记申请之日起30日内，任何一方不愿意离婚的，都可以向离婚登记机关撤回离婚登记申请。

在30日冷静期届满后的30日内，双方应亲自到婚姻登记机关申请发给离婚证，婚姻登记机关应当发给离婚证，即解除婚姻关系。在30日内，当事人未到婚姻登记机关申请离婚证的，视为撤回离婚登记申请，不发生离婚的后果。

（二）诉讼离婚

夫妻一方要求离婚的，可以由有关组织进行调解或者直接向人民法院提起离婚诉讼。人民法院审理离婚案件，应当进行调解；如果感情确已破裂，调解无效的，应当准予离婚。

诉讼离婚，是指婚姻当事人就是否离婚或者婚后子女抚养或者财产、债务处理等问题不能达成协议，由一方向人民法院提出离婚请求，由人民法院调解或判决而解除其婚姻关系的一项制度。

这里所说的调解有两种：①男女一方要求离婚时有关组织进行的调解。有关组织包括当事人所在单位、群众团体、基层调解组织等。②人民法院审理案件过程中进行的调解。

对于有关组织进行的调解，完全取决于当事人的自愿，其对当事人没有法律上的约束力，当事人不经诉讼外有关组织的调解，其结果不是最终的，当事人仍可向人民法院提起诉讼。但是，诉讼中经人民法院进行的调解具有法律约束力。人民法院的调解产生三种后果：①调解和好，原告撤回离婚请求；②协议离婚，就争议问题达成协议；③调解无效，由人民法院依法作出判决。

（三）婚姻关系解除的认定

完成离婚登记，或者离婚判决书、调解书生效，即解除婚姻关系。完成离婚登记，是指当事人完成了离婚申请，过了离婚冷静期，拿到了离婚证。离婚判决书生效是指，一审判决书送达 15 天后，双方当事人均未上诉的，即告生效。二审判决一经作出，立即生效。

离婚调解书，是指人民法院经过调解双方基于离婚达成的协议制作的，记载调解结果的文书，具有法律约束力。离婚调解书是人民法院调解后当事人双方不再请求法院判决离婚，由双方签字认可的文书。双方当事人签字生效。

（四）复婚的办理

离婚后，男女双方自愿恢复夫妻关系的，应当到婚姻登记机关重新进行结婚登记。复婚，是指离了婚的男女重新和好，再次登记结婚，恢复夫妻关系。

现实生活中经常出现离婚后未办复婚手续双方又同居的现象，那么，这时的婚姻关系具有何种效力呢？我国《婚姻登记管理条例》规定："中国公民在中国境内结婚、离婚、复婚的必须依照本条例的规定进行登记。"因此，对于离婚后，未办理恢复结婚的登记手续而又实行同居，可以说法律是不承认其婚姻效力的，这种同居将产生的法律后果包括：一是法律上不承认他们之间的关系是合法的婚姻关系。二是由于未办理复婚手续，相互之间没有继承对方遗产的权利和相互扶养的义务。

（五）离婚后子女抚养

父母与子女间的关系，不因父母离婚而消除。离婚后，子女无论由父或母直接抚养，仍是父母双方的子女。离婚后，父母对于子女仍有抚养和教育的权利和义务。

婚姻关系的解除，只是夫妻双方的基于婚姻而存在的人身关系和财产关系归于消灭，但父母与子女之间存有的血亲关系不因父母离婚而消除。

第六节　继承

一、继承和遗产

继承是指从公民死亡或者被宣告死亡时起，按照法律规定将其遗产转移给所有继承人的一种法律制度。遗产是自公民死亡时遗留的个人合法财产。

死亡或被宣告死亡的公民，为被继承人。继承从被继承人死亡时开始。继承一开始，遗产的所有权便转归继承人。

继承人为一人的，继承人单独取得遗产的所有权；继承人为两人或两人以上的，遗产在未分割之前为各继承人的共有财产。

依据《民法典》，因继承取得的房屋物权的，自继承开始时发生效力。但继承人处分该房屋物权时，应办理不动产登记手续。

二、继承的方式

《民法典》规定，继承开始后，按照法定继承办理；有遗嘱的，按照遗嘱继承或者遗赠办理；有遗赠扶养协议的，按照协议办理。

继承的方式有：法定继承、遗嘱继承、遗赠和遗赠扶养协议。它们之间的优先顺序是：遗赠扶养协议＞遗嘱继承、遗赠＞法定继承。

法定继承，是指被继承人死亡时没有留下遗嘱，其个人合法财产的继承由法律规定的继承人范围、顺序和分配原则进行遗产继承的一种方式。

遗嘱继承，又称指定继承，是指遗嘱中所指定的继承人，根据遗嘱指定的遗产种类、数额等，继承被继承人遗产的一种方式。

遗赠，是指公民通过设立遗嘱，将其个人所拥有的财产的赠与国家、集体组织、社会团体或者法定继承人以外的人，于其死亡时发生法律效力的民事行为。设定遗赠后，使法定继承人丧失或部分丧失继承被继承人遗产的权利。

遗赠扶养协议，是指遗赠人和扶养人为明确相互之间遗赠和扶养的权利义务关系所订立的协议。遗赠扶养协议是有偿的、相互附有条件的，它体现了权利义务相一致的原则。而遗赠是财产所有人生前以遗嘱的方式将其财产遗赠给国家、集体或个人的行为，它不以受遗赠人为其尽扶养义务为条件。遗赠扶养协议不仅有遗赠财产的内容，而且还包括扶养的内容。而遗赠只是遗赠财产，没有扶养的内容。

三、继承人的范围和顺序

法定继承按照下列顺序继承：

（1）第一顺序：配偶、子女、父母；丧偶儿媳对公、婆，丧偶女婿对岳父、岳母，尽了主要赡养义务的，作为第一顺序继承人。子女，包括婚生子女、非婚生子女、养子女和有扶养关系的继子女。父母，包括生父母、养父母和有抚养关系的继父母。

（2）第二顺序：兄弟姐妹、祖父母、外祖父母；兄弟姐妹，包括同父母的兄弟姐妹、同父异母或者同母异父的兄弟姐妹、养兄弟姐妹、有扶养关系的继兄弟姐妹。

法定继承开始后，由第一顺序继承人继承，第二顺序继承人不继承。没有第一顺序继承人继承的，由第二顺序继承人继承。

同一顺序继承人之间的地位是完全平等的，遗产将在他们之间平均分配。继承人协商同意的，也可以不均等。

【例9-5】李某和胡某婚后共同购买了一套住宅，二人育有一子一女，均未婚。李某还有一个亲妹妹。2012年李某去世，未留遗嘱。胡某继续抚养儿女直至2019年3月去世，胡某去世后留有遗嘱将名下住宅归儿子一人所有，那么儿子通过继承取得该住宅的份额是（　　　）。

A. 1/2　　　　　B. 2/3　　　　　C. 3/4　　　　　D. 5/6

【解】李某和胡某共同购买的住宅，每人份额1/2。李某去世时，胡某、儿子、女儿各继承1/6的份额，因此胡某份额为2/3，儿子份额为1/6，女儿份额为1/6。胡某去世后，儿子继承其2/3的份额，因此儿子最终通过继承取得的住宅份额为5/6。因此本题答案为D。

四、代位继承

被继承人的子女先于被继承人死亡的，由被继承人的子女的直系晚辈血亲代位继承。被继承人的兄弟姐妹先于被继承人死亡的，由被继承人的兄弟姐妹的子女代位继承。代位继承人一般只能继承被代位继承人有权继承的遗产份额。

代位继承的要件是：①被继承人的子女或者兄弟姐妹在继承开始前已经死亡或者丧失继承权。②被代位人是被继承人的子女或者兄弟姐妹。其他继承人，如被继承人的配偶、父母、祖父母、外祖父母等先于被继承人死亡不发生代位继承。③被代位人必须是被代位人的直系晚辈血亲。④代位继承只适用于法定继承，在遗嘱继承中不适用。⑤代位继承人无论人数多少，原则上只能继承被代位继承人有权继承的份额。

五、遗嘱的形式

遗嘱有 6 种形式：①自书遗嘱，由遗嘱人亲笔书写，签名，注明年、月、日。②代书遗嘱，有两个以上见证人在场见证，由其中一人代书，并由遗嘱人、代书人和其他见证人签名，注明年、月、日。③打印遗嘱，有两个以上见证人在场见证。遗嘱人和见证人在遗嘱每一页签名，注明年、月、日。④录音录像遗嘱，有两个以上见证人在场见证。遗嘱人和见证人应当在录音录像中记录其姓名或者肖像以及年、月、日。⑤口头遗嘱，遗嘱人在危急情况下可以立口头遗嘱。口头遗嘱应当有两个以上见证人在场见证。危急情况消除后，遗嘱人能够以书面或者录音录像形式立遗嘱的，所立的口头遗嘱无效。⑥公证遗嘱，由遗嘱人经公证机关办理。

若一个人所立的遗嘱有数份，立有数份遗嘱，内容相抵触的，以最后的遗嘱为准。

参考文献

[1] 中国房地产估价师与房地产经纪人学会.房地产交易制度政策 [M].北京：中国建筑工业出版社，2020.

[2] 中国房地产估价师与房地产经纪人学会.房地产经纪专业基础 [M].北京：中国建筑工业出版社，2020.

[3] 巴曙松，贾娜娜，杨现领.存量房时代经纪人的职业化：全球模式与中国道路 [M].厦门：厦门大学出版社，2018.

[4] 贝壳研究院.中国新居住发展报告 2021[R].2021.

[5] 贝壳研究院，波士顿咨询公司.数字共赢：2021 居住地产数字化白皮书 [R].2021.